# 数字を入れるだけ！

# 資金繰りの不安がなくなる最高の方法

近藤学 著

# 「資金繰りが不安で夜眠れない社長様へ」

　月に3回20分間あることをするだけで、お金の心配がなくなると
したら試してみたいでしょうか?

　小さな会社の社長さんは給料の支払いや、月末の支払いが心配
で眠れない夜を過ごすことがあると思います。資金繰りを改善す
るために、決算書や試算表の中身を理解しようと会計の勉強を一
所懸命やられる社長さんもおられるでしょう。

　しかし、決算書が読めるようになることと、資金繰りの改善と
はあまり関係がありません。
　会計の本来の目的は、株主や利害関係者が経営状態を判断する
ためのもので、自社の資金繰りのためのものではないのです。

　**資金繰り改善のために一番有効な手段は資金繰り表を作ること
です。**資金繰り表は銀行に言われた時に作るものだと考えておら
れる方も多いかもしれませんが、実は作成を習慣化することが劇
的な効果を生み出します。資金繰り表を作るのに会計の知識は必
要ありません。お小遣い帳をつけることができれば誰でも簡単に
作ることができます。実際に入ってくるお金と、出ていくお金を
記録し、あるいは予測する表のことを資金繰り表といいます。一
方、決算書の中にある損益計算書は、理論上入ってくるはずのお
金と、出ていくはずのお金を記録した表ですので、黒字なのにお
金が足りないとか、逆に赤字なのにお金が回っているという不思

議な現象がおこってしまうのです。

　ただ、普通だと資金繰り表を作るにはかなりの手間がかかります。税理士事務所も資金繰り表を作るのは作業量が顧問料に見合わないので敬遠し、あまり手伝いたがりません。

　**私は、税理士であると同時にソフト開発者でもあり、これまでに作成した資金繰り表ソフトを200以上の会計事務所と、300の中小企業に提供し、独自のノウハウを蓄積してきました。**

　夜中に資金繰りが不安で眠れなくなるのは、「今月の支払いができるのか?」といった漠然とした恐怖と想像の中で葛藤するからです。暗闇の中で得体の知れない化け物と対峙することが一番怖いのです。もしも、お化け屋敷の中が明るくてお化けが丸見えなら何も怖くないはずです。お化け屋敷の中を照らす照明が、「資金繰り表」なのでないかと考えています。

　本書は、月に3回、資金繰り表に預金の動きを記入してゆくことで、お金との関係が劇的に変化していくことができる本です。

　日々の資金繰りを予測する日次資金繰り表（日繰り表）と、日繰り表から連携して半年から24ヶ月間の月ごとの資金繰りを予測する月次資金繰り予定表（月繰り表）のExcelで動作するテンプレートを付属のCD-ROMに収録しています※。このテンプレートを使うことで、今日から簡単に資金繰り予定表を作ることができます。


　この本は個人事業はもちろん、年商数億から十数億の中小企業で実現できるキャッシュフロー経営の極意について書いています。**これからお金から感情を切り離し、現実を直視して資金繰りの不安を解消し、会社にお金を残していく実践的な方法をお伝えしてゆきたいと思います。**

※サイトからのダウンロードも可能です。詳しくは8ページをご確認ください。

## 第 1 章

# 小さな会社のお金の管理に 会計の知識はいらない

## 第 2 章

# 日次資金繰り表 (日繰り表) の 教科書

第3章

# 目的別預金口座で 資金繰りを良くする技術

43

第4章

# 月次資金繰り予定表（月繰り表）の 教科書

61

第5章

# 資金繰り表を活かす 実力キャッシュフロー経営

第6章

# 税金と借入金と
# うまく付き合う方法
135

## 付属CD-ROM収録ソフトのご利用にあたって

本書に付属しているCD-ROMはWindows専用になります。

収録ソフトのご使用は、以下の対応表に記載されているいずれかのOS
とMicrosoft Excelをパソコンに導入していることが必要です。

### 対応OS

| |
|---|
| Windows7 |
| Windows8 |
| Windows10 |

※Mac用Excel,Office365オンライン版Excel、
Office Mobile Excelには対応しておりません。

### 対応Excel

| |
|---|
| Microsoft Excel2010 |
| Microsoft Excel2013 |
| Microsoft Excel2016 |
| Microsoft Excel2019 |
| Office365 |

・・・・・・・・・・・・・・・・・・・・・・・・・・・・・・・・・・・・・・・・・・・・・・・・・・・・・・・

### 付属CD-ROMご利用方法

❶ CD-ROMを本書から取り出し、お使いのパソコンのDVD-ROMドライブ、もしくはブルー
レイドライブに入れてください。

❷ 「PC」もしくは「マイコンピュータ」ウインドウから挿入したドライブが認識されますので、
クリックもしくはダブルクリックで開いてください。

❸ 「サンプルデータ付きソフト」フォルダと「デー
タなしソフト」フォルダがあります。目的に応じ
て、CD-ROMから書き込みのできる適当な場
所にソフトをコピーしてお使いください。

※画像はWindows10です。

#### CD-ROM内の構成

● 「サンプルデータ付きソフト」フォルダは、本
書の使い方を解説するため、あらかじめサンプル
データが入っている日繰り表ソフトが収録されて
います。ソフトの使い方の習得にお使いください。
※月繰り表ソフトは、本書の解説の途中で日繰り
表のデータを引継ぎます。その際は「データなし
ソフト」フォルダに収録されている「月繰り表」
ソフトをご利用ください。

● 「データなしソフト」フォルダは、サンプルデー
タの入っていない日繰り表ソフトと月繰り表ソフ
トが収録されています。最初から資金繰り表を製
作する際にご利用ください。

※電子書籍版でのご利用、またはソフトのバージョンアップは、スタンダーズのサイト、
もしくは著者のサイトhttps://higuri.com/にて、ダウンロードの案内をしております。

第 **1** 章

# 小さな会社のお金の管理に
# 会計の知識はいらない

# 1-1

## 資金繰りの苦労から脱するための方法

### 母親の背中で知った中小企業の資金繰りの苦労

　私の両親は江戸時代から続いた商売を引き継ぎ、年商3億円くらいの有限会社を経営していました。幼い頃から夜遅くまで、帳簿とにらめっこしてお金のやりくりをしている経理担当の母親の背中を見て育ちましたが、バブル崩壊後、業績が悪化し、最終的には不渡手形を出して倒産してしまいました。その時は私がすでに税理士になってからの倒産でしたので無力感を抱きました。

　また、実家及び同時に倒産した親戚の会社数社が、私の税理士業にとっての大口顧問先でもあったため、私自身の事業の売上も大幅にダウンしました。当時は挽回しようと借入れを重ねて資金繰りに苦労した経験があります。

　その後もずっとそのことが頭の中にあり、どうすれば中小企業の経営者を資金繰りの悩みから救うのかが、私のテーマとなりました。

　その結果、**資金繰りの苦労から脱するために必要なことは、次の3つ**であることがわかりました。

❶ **自社の置かれた現実と向き合うこと**
❷ **銀行借入れとうまく付き合うこと**
❸ **ビジネスモデルを改革すること**

　このうち③については、これは非常に大きなテーマではありますが、

本書の主旨からははずれるため本書では触れず、①と②について考察してゆきます。

## 資金繰り苦から脱却するための特効薬とは？

### ❶ 自社の置かれた現実と向き合うこと

　経営者は資金繰りが苦しくなると、現実から目をそむけたくなります。いつか良いことがあると信じ、今月入ってきたお金で、どうやって月末の支払いを済ませるかを考えることが財務戦略になります。いわゆる自転車操業というやつです。

　ですが現実にはなかなか良いことは起こらず、臨時収入で入ったはずのお金がいつの間にかどこかに消えて無くなっています。

　計算に入ってなかった請求書の支払い、銀行の融資担当者の突き放したような冷たい態度、真っ暗なお化け屋敷の中を恐怖におびえながら、手探りでビクビクしながら歩いているような状態です。

　その恐怖に打ち克つ良い方法は、暗闇に光をあてて、そのお化けの正体を見極めることです。そのためには、**「資金繰り予定表」を作ることが最善の策**だと私は考えています。私自身も経験があるのですが、「資金繰り予定表」を作り、現状を目の当たりにすると、とりあえず心が軽くなります。お金が足りれば足りたで安心しますし、いくら足りないと予測できれば、すぐに行動に移せます。本当に足りなければ前もって腹をくくって開き直ることもできます。

**❷ 銀行借入れとうまく付き合うための特効薬は資金繰り表**

中小企業の資金調達の方法は、次の4つしかありません。

**１. 利益を貯める。**

**２. 社長が会社にお金を入れる。**

**３. 金融機関から借りる。**

**４. 親戚や友達から借りる。**

　赤字会社は利益を貯めることができません。会社のお金が足りなくなると役員報酬をもらわないか、社長が手持ちのお金を入れるなどして当座をしのぎます。それでも足りなければ銀行からお金を借りることになります。また、設備投資をする場合や、多くの在庫を抱えるような会社も借入れが必要となります。

　一方で、親戚や友達から借りることは人間関係を破壊しますので絶対に避けるべきです。借りるのであれば再起するときの前向きの資金をお願いしましょう。

　後の章で詳しく述べますが、借入金の考え方と付き合い方は、中小企業にとって重要な財務戦略となります。**その金融機関との関係を良くする特効薬は、「資金繰り表」です。**

# 税金計算用の会計と　預金残高中心の会計

## 金融機関はあなたの決算書を信用していない!

　金融機関は中小零細企業の決算書を信用していないということを良く聞きます。大企業のように第三者の監査が入らない中小企業の決算書はある意味変幻自在です。

　「2期連続赤字が続くと貸せなくなるから、なんとか黒字にしてください」

　と銀行員の方から言ってくるケースさえあります。つまり、金融機関自体が中小零細企業の損益計算書の利益を操作できることがわかっているのです。

## 資金繰り表は「真実をうつす鏡」

　たとえ利益操作をしたところで、お金の動きだけに着目すれば答えはひとつです。預金通帳の残高が増えたか減ったか、それだけです。そのお金の動きだけを記録し、予測するのが資金繰り表です。資金繰り表は嘘をつきません。真実をうつす鏡なのです。

　金融機関が最も信頼するのはこの真実をうつす鏡である資金繰り表です。これを見れば企業に返済能力があるか否かを一目瞭然で知ることができます。

## 預金残高中心の会計は強い財務体質を作る

　以前、私の顧問先で潤沢な預金残高を持つ優良企業がありました。その会社の社長は決算説明のときに利益については一切質問をしません。

　社長からの質問は「去年より、預金残高は増えましたか？」

　ただそれだけでした。利益が出ていても無理な節税対策をすることなく粛々と納税されています。

　**預金残高中心の会計感覚を持つ社長は、死に金を使いません。その結果、さらに預金残高が増え財務体質の強い会社になってゆくことがわかりました。**


## 資金繰り表作成に会計の知識はいらない！

　**「会計上の利益は見解、キャッシュは真実」**という言葉があるように会計の利益から得られるものはひとつの見解です。できるだけその見解の公平性がぶれないようにするために慣習法として会計基準というルールが作られました。公平にすればするほどそのルールは複雑になります。

　その細かい会計のルールを気にするよりも、単純にお金の増減だけを記録し予測したほうが経営に必要な真実を知ることができます。

## 損益計算書の利益は税金計算をするためのものである

　極論すると、**中小零細企業にとって損益計算書の利益は税金計算をするためのものです。**

　税務署に対して、「これが弊社の見解ですので、それに基づいてこれだけ納税します」というためのものです。その見解が税務署と異なると追徴課税を受けるのです。

　税金の計算をするためには会計基準に従った帳簿をつける必要があるのですが、その部分は専門家である税理士に任せれば良いと思います。

# 自社で資金繰り表を作ろう

## 既存の会計ソフトでは資金繰り表は作れない

　それほど重要な資金繰り表ですが、税理士事務所は資金繰り表をあまり作りません。銀行などから要求されたときに作るくらいで自ら進んで作ろうとはしません。私自身もかつてはそうでした。

　資金繰り表の作成は非常に時間がかかります。既存の会計ソフトでは、実用に足る資金繰り予定表や資金繰り実績表を作ることはできませんので、Excelで数時間かけて作成するのが一般的です。

## 税理士事務所は資金繰り表を作りたがらない？

　なぜ作りたがらないのでしょうか？

　その理由は税理士事務所のビジネスモデルにあります。ほとんどの税理士事務所は顧問先企業から顧問料を頂いています。税理士事務所のビジネスモデルは、税理士資格を持たないスタッフで1時間あたりの売上は5,000円以上、税理士だと1万円以上稼ぐことを想定して成り立っています。これは顧問料が月3万円の顧問先企業の場合、移動時間を含めて、1社に対して使える時間は、スタッフで月6時間、税理士で月3時間程度になります。

　毎月顧問先企業に訪問するとほぼその時間を使い切ることになります。つまり非常時以外は資金繰り表の作成に使える時間を捻出することができないのです。

税理士事務所の勝手な言い分に聞こえるかもしれませんが、本当に顧問先企業が大変な時には何十時間と時間を充ててサポートしていますので、平時はそのような対応にならざるをえません。月20万円の報酬を得る経営コンサルタントとは根本的なビジネスモデルが異なるのです。

## 自社で資金繰り表を作る利点

もうひとつ、税理士事務所で資金繰り表を作るのが難しい理由として、報酬以外に社長や経理担当者にしかわからない情報があることがあげられます。売上の入金予定、それに対する仕入れの支払い予定は税理士事務所ではわかりません。

売上の入金は、売上計画や前年実績からある程度推測することができますが、仕入れの支払いは、支払う側の会社が主導権を握っています。つまり、いつどうやって支払うかを社長が判断することができるのです。この部分が資金繰りの勘所になるわけですが、資金繰り表を作っていない場合、土壇場で期日に支払うのか遅らせるのか支払手段をどうするかの決定を行うことになります。

自社で資金繰り表が作れるようになると、前もってこれらの判断を織り込んだシミュレーションを行うことができます。もしも支払いのために資金ショートする可能性がある場合には、金融機関に融資のための説明資料として早めに資金繰り予定表を提出することができます。

次章では、企業自らが資金繰り表を作成する方法をお伝えしていきます。

# そもそも資金繰り表とは？

## 資金繰り表は会社のお小遣い帳

そもそも資金繰り表とは何なのか？　という定義をしておきたいと思います。

資金繰り表とは、ザックリになりますが「月初の現預金残高＋入金－出金＝月末の現預金残高」を記入する表です。会社版のお小遣い帳と考えて間違いではありません。

銀行などの金融機関に提出する月次資金繰り表は、ある程度フォーマットが決まっており、そこからもう少しだけ項目が増えます。金融機関によって微妙にその項目は違いますが、一般的なものは下記のようなものです。

**月次資金繰り表の項目**

| | |
|---|---|
| 経常収入 （＋） | 売上入金、売掛金入金、受取手形入金など |
| 経常支出 （－） | 仕入支払い、買掛金支払い、支払手形決済、経費・利息支払など |
| 経常収支 （＝） | 経常的な事業活動での資金繰り |
| 財務等支出 （－） | 借入金の返済、設備投資、税金の支払いなど |
| 財務等収入 （＋） | 借入による資金調達、固定資産の売却など |
| 財務等収支 （＝） | 経常的な事業活動以外の資金繰り |
| 期末現預金残高（＝） | |

※表内の数学記号は上位から計算していく。

## 経常収支は会社の実際の稼ぐ力

　経常収支は、決算書内の損益計算書の経常利益に相当する部分です。しかし、損益計算書とは異なり、実際のお金の入出金を記録する会社の実際の稼ぐ力をあらわす最も重要な数字です。

## 財務等収支は資金の返済力・調達力・納税額

　月次資金繰り表の項目を見て、財務等支出（－）が財務等収入（＋）より先に来ているので、「おや」と思われたかもしれません。これは、経常収支（＝）が財務等支出（－）よりも多ければ、商売の儲けの中で借入金の返済と納税が行えることを意味し、会社が自己資金だけで運営していけることを表します。つまりは優良企業の証です。

　経常収支で財務支出が賄えない場合には、新規で資金調達しないと資金がショートすることになりますので早めに手当てをすることが必要です。

# 1-5

# 資金繰り表の種類

## 資金繰り表は、実績表と予定表の2種類

　資金繰り表は大きく実績表と予定表の2種類に分けられ、資金繰り予定表はさらに日次と月次に分けられます。月次資金繰り表の項目は両方とも前節4の表で紹介したものと同じです。

① 資金繰り実績表…過去の資金繰りの実績を知るための表
② 資金繰り予定表…将来の資金繰りを予測するための表
　　　　　　　　　a. 日次資金繰り予定表 （日繰り表）
　　　　　　　　　b. 月次資金繰り予定表 （月繰り表）

## ①資金繰り実績表　経営がうまくいっているかどうかを知る表

　資金繰り実績表は、決算書の損益計算書ではわからない過去のリアルなお金の動きが一目瞭然になり、返済能力を推し量ることができるので金融機関から、提出を求められることがよくあります。また、会社側にとっても経営が実際にうまくいっているのかどうかを知るためにこれほど有用な資料はないといえるでしょう。

　資金繰り実績表は、過去の会計データをExcelで数時間かけてソートを繰り返すと作ることができますので、税理士事務所で作成することが可能です。

ですが、前述したように、税理士事務所はここまで時間をかけられないのが実情です。そのためか銀行の担当者がザックリとした資金繰り実績表を作成しているケースが多いように見受けられます。

　余談ですが、私はこの問題を解決することを目的に、数分ほどで会計データから資金繰り実績表を作成できる「こがねむし」というソフトを作ったことが、ソフト開発を私が始めるようになったきっかけです。

## ②資金繰り予定表　日次と月次の資金を予測する表

　資金繰り予定表は、将来、預金残高がいくら増えるのか？　いくら減るのか？　どの時点で資金がショートするのか？　いつ借り入れをしたら良いのか？　などを予測するために用います。

　企業の財務を考える上で最も重要な資料であるだけでなく、金融機関にとっても喉から手がでるほど欲しい資料です（ただし、十分な根拠がある資金繰り予定表であることが前提です）。

　資金繰り予定表は、時間軸のとり方によって、**日次資金繰り表（以下、日繰り表）と、月次資金繰り表（以下、月繰り表）**に分けることができます。

　金融機関には月繰り表を提出しますが、資金ショートの危険性を察知するためには、日繰り表が必要です。なぜなら資金ショートは月の中のどこかの日で起こるからです。

　また、半年から24ヶ月の資金繰りを予測するのにも月繰り表を用います。

　本書では、まず日繰り表をつくり、その後、日繰り表データを活用した月繰り表の作成方法を解説していきます。

# 第 2 章

# 日次資金繰り表（日繰り表）の教科書

# 日繰り表の作成は、資金繰り改善の第一歩

## 日繰り表を作る4つのメリット

以前、財務コンサルタントが講師を務めるセミナーに何度か参加したことがあります。

そこでわかったことは、資金繰りの苦しいクライアントに対し、彼らがまず行うことは「日繰り表の作成」の指導でした。

最初はこんな簡単な指導で高い報酬を請求するのかと少し驚きました。しかしながら、実際に自分でも日繰り表を作成するようになってそのメリットを理解しました。

日繰り表を作るメリットとして次の4つを挙げることができます。

**1. 資金繰りの実態がよくわかる。**

**2. 計画的な支払いができるようになる。**

**3. お金と正面から向き合えるようになる。**

**4. 結果的に精神を安定させる。**

## 月に3回20分間の日繰り表記入を習慣にする

「意識が変われば行動が変わり、行動が変われば習慣が変わり、習慣が変われば人格が変わり、人格が変われば運命が変わる」

というアメリカの哲学者ウイリアム・ジェームスの言葉があります。

毎月3回、日繰り資金繰り表（以下日繰り表）に預金通帳の数字を転記し、その先の入出金の予測を記入することを習慣にすると、お金が

苦手な人でも、お金に強い人に人格チェンジすることができます。

　本来日繰り表というくらいですので、毎日つける習慣をつけるに越したことはないのですが、日記を毎日つけるのと一緒で、継続してゆくことはなかなか困難です。そこで月3回、20分ほどでよいので、定期的に大きな入金や支払いがあった時に記入するだけでも習慣化の効果があります。

　ただし、この習慣化のキモは毎月決まった日に行うことがポイントです。私の場合は、15日、25日、月末に記入しています。

　恥ずかしながら白状しますが、これまでの私は税理士でありながら医者の不養生で自分のお金に関しては苦手でした。しかし、この日繰り表をつけることを習慣にしてから不思議と資金繰りが好転しだしたのです。

ウイリアム・ジェームスは19世紀の哲学者です。心理学にも通じ「心理学の父」とも言われてます！

## 日繰り表記入を習慣にするとなぜ資金繰りが良くなるのか？

　想いを書くと目標が実現しやすいということは自己啓発の世界ではよく言われます。これは意識を何かにフォーカスすると、脳のある部分がそれに関する情報をキャッチしようと活動するためと言われています。欲しいクルマがあるとやたらそのクルマが目に付くようになるというやつです。

　これと同じようにお金の扱いが苦手な人の典型として、その日のう

ちに得た収入を使い果たすという宵越しの金を持たない江戸っ子タイプを挙げることができますが、そのようなタイプの人は実はお金のことに意識を真剣にフォーカスしていないのではないか？　というのが私の仮説です。

　日繰り表の記入を習慣化すると、否応なくお金に意識をフォーカスするようになります。そうなると今まで見過ごしていたいろいろな無駄に気付きだします。

　毎月の入金があと何万円増えて、いくら支出を減らせばお金が回るのか？　という具体的なターゲットが明確になります。そうなると、あとひとつ契約をとって売上を上げようとか、毎月支払っているあの契約を解約しようという動機付けになります。

　それら**お金の流れがわかると今まで資金繰りに苦しんできた人ほど希望を持てるようになり、仕事や日常が楽しくなります。そして、新たな意識が生まれて行動が変わっていくはずです。**

## 日繰り表ソフトの活用事例

2020年4月に資金繰りに苦しむ中小企業支援のために、「ブルーバード」と名付けた日繰り表ソフト（本書添付の日繰り表ソフトで、月繰り表へコピーするボタンがないものです）をブログ経由で無料配布しました。

そのブルーバードを活用してくださっている方に、株式会社L.I.C四国の伊藤祐一社長がおられます。伊藤社長は香川県で保険代理業店を経営する傍ら中小企業の資金繰り指導をされています。過去に、利益も出るようになったのにお金が残らず消費税の納税にも難儀した経験から、資金繰りの勉強を始められたそうです。

伊藤社長は、中小企業の社長に次の2つの質問をするとほぼYesの答えが返ってくることを確信されています。

①儲かっていない会社には、「消費税の納税に苦しんでいませんか？」
②儲かっている会社には、「利益の割にお金が残らないのではないですか？」

これらの問いに対して解決策を顧問税理士が与えてくれないことから、自ら資金繰り表を使った中小企業サポートを始められ、支援先企業にブルーバードを導入してもらったとのことです。そこで明らかになったのは、社長が興味を持つのは現預金残と現預金収支だということです。それが一目瞭然となるので日繰り表ソフトの入力を喜んでやってもらえるということでした。

伊藤社長が考える、資金繰り作成の効果は、ダイエットの際には毎日体重測定するのと同様に、毎日預金残高を知ることで、体重が増えたらその後の食事をセーブするように、預金残高が減っていればその原因を早急に探れるなど、異変を察知し対応することができることです。

# 2-2

## 日次資金繰り表
## （日繰り表）作成の基本操作

**日繰り表画面**

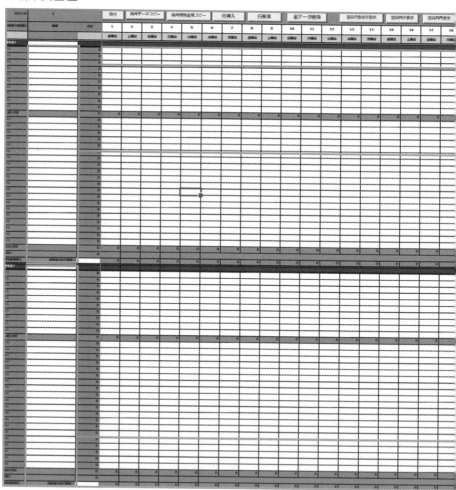

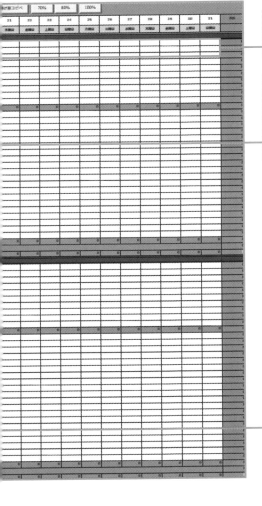

1日～31日分の日付
摘要欄に合わせて下の欄に
出入金の数字を入力します

現預金1
預金口座ごとに摘要欄に名
目を入力します。ひとつの現
預金の摘要欄にはそれぞれ
収入と支出として分けて入力
することができます。

薄い黄色のエリアが入力可能な欄
になります。

現預金2
現預金1と同じものです。最
大で10口座まで分けることが
できます。

## 10種類の預金口座の入出金を予測可能

　これから日繰り表を作っていきます。

　前ページで紹介した画像は、これから解説するExcelのテンプレートファイルである日繰り表の画面です。一般的な日繰り表の様式とは異なっているかもしれません。

　縦軸は預金口座ごとの入出金の項目、横軸は1日〜31日までの日付が入っています。画面には2種類の預金口座分がありますが、日繰り表のテンプレートでは10種類までの預金口座の入出金の予測が可能です。

　複数の預金口座を作るメリットについては第3章で詳しく解説します。

### 1 　日繰り表を起動する

　Excelのファイル「日繰り表1.0xlsm」※をダブルクリックで起動します。このファイルは今後「日繰り表」ソフトと呼称します。

**※1.0などの数字は今後のサイトなどで公開されるアップデートによって更新されます。**

**※サンプルデータを納めたファイルは「日繰り表1.0サンプルデータ.xlsm」になります。**

## 2 コンテンツの有効化をクリックする

クリック

> ⚠ **セキュリティの警告** マクロが無効にされました。 | コンテンツの有効化

　ファイルを開いた際、Excel画面にセキュリティの警告が出たら、コンテンツの有効化をクリックしてください。

　この操作はソフトを使用するために必要な操作です。

## 3 日繰り表「メニュー」シート

　ファイルが起動すると「メニュー」シートにメニュー画面が表示されています。

## 4 入力したい月のシートを追加する

例えば、2021年1月分の日繰り表を作成する場合、年に2021、月に1を入力し、「シート追加」ボタンをクリックします。なお、「シート追加」ボタンの下の「シート削除」ボタンで追加したシートの削除になります。

2021年1月分の資金繰り表シートが追加されました。

## 5　預金口座名を入力する

| 2021年 | | 1 | | 日付 | 前月デー |
|---|---|---|---|---|---|
| 資金繰り表項目 | | 摘要 | 合計 | 1 | 2 |
| | | | | 金曜日 | 土曜日 |
| 現預金1 | みづほ銀行　渋谷支店 | | | | |
| 収入 | | | 0 | | |
| 収入 | | | 0 | | |
| 収入 | 銀行名などわかるように<br>預金口座を入力 | | 0 | | |
| 収入 | | | 0 | | |
| 収入 | | | 0 | | |

現預金1の入力欄に普段使う預金口座を入力します。自分で区別が付けられる名称であれば大丈夫です。

## 6　開始残高を入力する

| | | | | | |
|---|---|---|---|---|---|
| 支出 | | | 0 | | |
| 支出 | | | 0 | | |
| 支出 | | | 0 | | |
| 支出 | | | 0 | | |
| 支出 | 前月末の残高を入力 | | 0 | | |
| 支出1合計 | | | 0 | 0 | 0 |
| 収支1 | | | 0 | | |
| 現預金残高1 | 現預金1前月残高→ | | 1,253,500 | 1,253,500 | 1,253,500 |

現預金1前月残高に前月末の預金残高を入力します。この場合だと2020年12月31日の預金残高を通帳から転記します。

この要領で他の預金口座の入力を行っていきます。

> 毎月3回入力する日を決めます。私の場合5日、15日、25日に入力しています。

## 7　収入を入力する

| 2021年 | 1 | | | 日付 | 前月データコピー | | 前月現預金残コピー | |
|---|---|---|---|---|---|---|---|---|
| 資金繰り表項目 | 摘要 | 合計 | 1 | 2 | 3 | 4 | 5 | 6 |
| | | | 金曜日 | 土曜日 | 日曜日 | 月曜日 | 火曜日 | 水曜日 |
| 現預金1 | みつほ銀行　渋谷支店 | | | | | | | |
| 収入 | 売掛金入金 | | 摘要別に日付に合わせて入力する | | | | 780,000 | |
| 収入 | 現金売上 | | | | | 45,000 | 50,000 | |
| 収入 | | | | | | | | |

　この例では今日が1月5日火曜日として入力を開始します。

　1月4日から新年の営業開始とみなして、みつほ銀行渋谷支店の口座へ収入として入金された現金売上と売掛金を入力します。

## 8　支出を入力する

| 支出 | 買掛金支払い | | 摘要別に日付に合わせて入力する | | | | 300,000 | |
|---|---|---|---|---|---|---|---|---|
| 支出 | リース料 | | | | | | 36,000 | |
| 支出 | 電話代 | | | | | 15,000 | | |
| 支出 | 電気代 | 35,000 | | | | 35,000 | | |
| 支出 | | 0 | | | | | | |

　みつほ銀行　渋谷支店の口座から支出欄に支払った金額を入力します。

## 9　残高を確認する

| 現預金1前月残高 → | 1,253,500 | 1,253,500 | 1,253,500 | 1,253,500 | 1,248,500 | 1,742,500 |
|---|---|---|---|---|---|---|
| | | 金曜日 | 土曜日 | 日曜日 | 月曜日 | 火曜日 | 水曜日 |
| 支出 | 0 | | | | | | |
| 支出 | 0 | | | | | | |
| 支出1合計 | 386,000 | 0 | 0 | 0 | 50,000 | 336,000 | 0 |
| 収支1 | 489,000 | | | | | | |
| 現預金残高1 | 現預金1前月残高 → | 1,253,500 | 1,253,500 | 1,253,500 | 1,253,500 | 1,248,500 | 1,742,500 | 1,742,500 |

　現預金残高が通帳の残高と合っていることを確認します。

　基本的に同じことを各口座で入力していきます。

　1月5日までの入力が終わったら、ここで6日から31日までの入出金と預金残高を予測します。前月の預金通帳を参考にしながら、6日から31日までの入出金予測額を入力しましょう。

15日では、5日に作った予測を実績値に置き換えて、月末までの資金繰を予測します。そして25日も同様のことをします。
以上が毎月3回の作業になります！

## 支払予定表として活用する

　前もって入力した出金予定は、実際に支払いを行うときの支払予定表として活用できます。

　私は、毎月末に経費の支払いを行いますが、日繰り表の金額を見ながらネットバンキングから振り込みを行っています。前月分の日繰り表をコピーできるので、前月の支払いがわかりとても便利になります。

## 10　1ヶ月間のお金の増減を確認する

| | | | | |
|---|---:|---:|---:|---:|
| 総合収入 | 20,775,000 | 0 | 0 | 0 |
| 総合支出 | 19,946,000 | 0 | 0 | 0 |
| 総合収支 | 829,000 | 0 | 0 | 0 |
| 現預金残高合計 | 2,082,500 | 1,253,500 | 1,253,500 | 1,253,500 | 1 |
| 月初現預金残高 | 1,253,500 | | | | |

　日繰り表画面の一番下では1ヶ月間の総合収支を見ることができます。この例では全ての預金口座の合計が1ヶ月間で829,000円増えたことを表しています。

　この数字をプラスにすることが短期的な目標となります。

# 2-3

# 日次資金繰り表（日繰り表）
# 作成の応用操作

## 1　預金口座間の資金移動の記録方法

| 資金繰り表項目 | 摘要 | 合計 | 1 | 2 | 3 | 4 | 5 | 6 | 7 | 8 |
|---|---|---|---|---|---|---|---|---|---|---|
| | | | 金曜 | 土曜 | 日曜 | 月曜 | 火曜 | 水曜 | 木曜 | 金曜 |
| 現預金1 | みつほ銀行　渋谷支店 | | | | | | | | | |
| 収入 | 売掛金入金 | 1,780,000 | | | | | 780,000 | | | 1,000,000 |
| 収入 | 現金売上 | 95,000 | | | | | | | | |
| 入金1合計 | | 1,875,000 | | | | | | 0 | 0 | 1,000,000 |
| 支出 | 預掛金支払い | 300,000 | | | | | | | | |
| 支出 | リース料 | 36,000 | | | | | | | | |
| 支出 | 電話代 | 15,000 | | | | | | | | |
| 支出 | 電気代 | 35,000 | | | | 35,000 | | | | |
| 支出 | 東京中央信用金庫へ資金移動 | 500,000 | | | | | | | | 500,000 |
| 支出1合計 | | 886,000 | 0 | 0 | 0 | 50,000 | 336,000 | 0 | 0 | 500,000 |
| 収支1 | | 989,000 | | | | | | | | |
| 現預金残高1 | 現預金1前月残高→ | 1,253,500 | 1,253,500 | 1,253,500 | 1,253,500 | 1,248,500 | 1,742,500 | 1,742,500 | 1,742,500 | 2,242,500 |
| 現預金2 | 東京中央信用金庫 | | | | | | | | | |
| 収入 | みつほ銀行より資金移動 | 500,000 | | | | | | | | 500,000 |

> みつほの支出として500,000円、東京中央信用金庫の収入として500,000円をそれぞれ入力

|  |
|---|
| 500,000 |
| 500,000 |
| 2,242,500 |
| 500,000 |

　サンプルの会社は、みつほ銀行と東京中央信用金庫に預金口座を持っており、1月8日にみつほ銀行から東京中央信用金庫に資金を移動します。その場合は上記の図のように記入します。

> みつほ銀行は50万円の支出、東京中央信用金庫では50万円の収入として入力します。

## 2　行を挿入する

| 1 | 2021年 | 1 | | 日付 | 前月データコピー | | 前月現預金残コピー | | 行挿入 | |
|---|---|---|---|---|---|---|---|---|---|---|
| 2 | 資金繰り表項目 | 摘要 | 合計 | 1 | 2 | 3 | 4 | 5 | 6 | 7 |
| 3 | | | | 金曜日 | 土曜日 | 日曜日 | 月曜日 | 火曜日 | 水曜日 | 木曜日 |
| 4 | 現預金1 | みつほ銀行　渋谷支店 | | | | | | | | クリック |
| 5 | 収入 | 売田金入金 | 1,780,000 | | | | | 780,000 | | 1,0 |
| 6 | 収入 | 現金売上 | 95,000 | | | | 45,000 | 50,000 | | |
| 7 | 収入 | | 0 | | | | | | | |
| 8 | 収入 | | | | | | | | | |
| 9 | 収入 | 挿入したい行を範囲選択 | | | | | | | | |
| 10 | 収入 | | 0 | | | | | | | |
| 11 | 収入 | | 0 | | | | | | | |
| 12 | 収入 | | 0 | | | | | | | |
| 13 | 収入 | | 0 | | | | | | | |
| 14 | 収入 | | 0 | | | | | | | |

| 6 | 収入 | 現金売上 | 95,000 | | | | 45,000 | 50,000 | |
|---|---|---|---|---|---|---|---|---|---|
| 7 | 収入 | | 0 | | | | | | |
| 8 | 収入 | | 0 | | | | | | |
| 9 | 収入 | | 0 | | | | | | |
| 10 | 収入 | | 0 | | | | | | |
| 11 | 収入 | | 0 | | | | | | |
| 12 | 収入 | | 0 | | | | | | |
| 13 | 収入 | | 0 | | | | | | |
| 14 | 収入 | | 0 | | | | | | |
| 15 | 収入 | | 0 | | | | | | |
| 16 | 収入 | | 0 | | | | | | |
| 17 | 収入 | | 0 | | | | | | |

　日繰り表ソフトの初期状態では、収入に10行、支出に20行をとっています。この行数では足りない場合もありますので、「行挿入」ボタンを用意しています。収入か支出で増やしたい行を範囲選択してボタンを教えてください。

　Excelの機能で行挿入すると数式が壊れてしまいますので気を付けてください。

収入を3行増やしたい場合は、12行目から14行目の任意のセル3行を選択して「行挿入」ボタンをクリックしてください!

POINT!

## 注意点　挿入できない場所

| 2 | 資金繰り表項目 | 摘要 | 合計 | 1 | 2 | 3 | 4 | 5 | 6 | 7 |
|---|---|---|---|---|---|---|---|---|---|---|
| 3 | | | | 金曜日 | 土曜日 | 日曜日 | 月曜日 | 火曜日 | 水曜日 | 木曜日 |
| 4 | 現預金1 | みつほ銀行　渋谷支店 | | | | | | | | |
| 5 | 収入 | 売掛金入金 | 1,780,000 | | | | | 780,000 | | |
| 6 | 収入 | 現金売上 | 95,000 | | | | 45,000 | 50,000 | | |
| 7 | 収入 | | 0 | | | | | | | |
| 8 | 収入 | | 0 | | | | | | | |
| 9 | 収入 | | 0 | | | | | | | |
| 10 | 入金1合計 | | 1,875,000 | 0 | 0 | 0 | 45,000 | 830,000 | 0 | 0 |

　注意点として、入力可能行の一番上の行（例では5行目の現預金のすぐ下の行）と、合計行（例では10行目）では、「挿入」ボタンが効かず、行の挿入ができません。上記の画像ですと6行目から9行目を選択して挿入してください。

# 3　行を削除する

| 1 | 2021年 | | 1 | | 日付 | 前月データコピー | | 前月現預金残コピー | | 行挿入 | | 行削除 | |
|---|---|---|---|---|---|---|---|---|---|---|---|---|---|
| 2 | 資金繰り表項目 | 摘要 | 合計 | 1 | 2 | 3 | 4 | 5 | 6 | 7 | 8 | 9 | |
| 3 | | | | 金曜日 | 土曜日 | 日曜日 | 月曜日 | 火曜日 | 水曜日 | 木曜日 | 金曜日 | 土曜日 | |
| 4 | 現預金1 | みつほ銀行　渋谷支店 | | | | | | | | | | | |
| 5 | 収入 | 売掛金入金 | 2,580,000 | | | | | 780,000 | | | 1,000,000 | 800,000 | |
| 6 | 収入 | 現金売上 | 95,000 | | | | 45,000 | 50,000 | | | | | |
| 7 | 収入 | | | | | | | | | | | | |
| 8 | 収入 | | | 削除したい行を範囲選択 | | | | | | | クリック | | |
| 9 | 収入 | | | | | | | | | | | | |
| 10 | 収入 | | 0 | | | | | | | | | | |
| 11 | 収入 | | 0 | | | | | | | | | | |
| 12 | 収入 | | 0 | | | | | | | | | | |
| 13 | 収入 | | 0 | | | | | | | | | | |
| 14 | 収入 | | 0 | | | | | | | | | | |
| 15 | 入金1合計 | | 2,675,000 | 0 | 0 | 0 | 45,000 | 830,000 | 0 | 0 | 1,000,000 | 800,000 | |

| | B | C | D | E | F | G | H | I | J | K | L | M |
|---|---|---|---|---|---|---|---|---|---|---|---|---|
| 1 | 2021年 | 1 | | 日付 | 前月データコピー | | 前月現預金残コピー | | | 行挿入 | | 行削除 | |
| 2 | 資金繰り表項目 | 摘要 | 合計 | 1 | 2 | 3 | 4 | 5 | 6 | 7 | 8 | 9 |
| 3 | | | | 金曜日 | 土曜日 | 日曜日 | 月曜日 | 火曜日 | 水曜日 | 木曜日 | 金曜日 | 土曜日 |
| 4 | 現預金1 | みつほ銀行　渋谷支店 | | | | | | | | | | |
| 5 | 収入 | 売掛金入金 | 20,180,000 | | | | | 780,000 | | | 1,000,000 | 800,000 |
| 6 | 収入 | 現金売上 | 95,000 | | | | 45,000 | 50,000 | | | | |
| 7 | 入金1合計 | | 20,275,000 | | | | 45,000 | 830,000 | | 0 | 1,000,000 | 800,000 |

　一方で初期状態にある収入と支出が多すぎる場合があります。

　収入を8行削除したい場合では7行目から14行目の任意のセルを選択して「行削除」ボタンをクリックします。

　7行目から14行目が削除されました。

　削除の場合は、合計行以外の入力可能行を削除することができます。

# 4 空白行を非表示にする

行削除をせずに空白行を見えなくして隠す方法があります。

「空白行表示非表示」ボタンをクリックすると摘要欄の空白行が非表示になります。もう一度ボタンをクリックすると元に戻ります。

# 2か月目以降の
# 日次資金繰り表の作成法

## 1 預金口座間の資金移動の記録方法

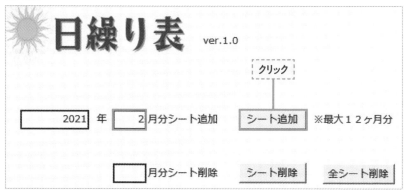

　メニュー画面（画面下部の「メニュー」シート）に戻り、年数を確認した上で2月と入力し、「シート追加」ボタンをクリックすると、1月分のあとに2月分のシートが追加されます。

## 2 月データをコピーして、たたき台にする

| B | C | D | E | F | G | H |
|---|---|---|---|---|---|---|
| 2021年 | 2 | | 日付 | 前月データコピー | | 前月現 |
| 資金繰り表項目 | 摘要 | 合計 | 1 | 2 | 3 | 4 |
| | | | 月曜日 | 火曜日 | 水曜日 | 木曜日 |
| 現預金1 | | | | | | |
| 収入 | | 0 | | | | |
| 収入 | | 0 | | クリック | | |
| 収入 | | 0 | | | | |
| 収入 | | 0 | | | | |
| 収入 | | 0 | | | | |

2月のシートにある「前月データコピー」ボタンをクリックすると、1月分のデータが丸ごとコピーされます。また現預金の前月残高には1月末の預金残高がコピーされます。

前月分のデータをコピーしていくことで最大12か月分の入力が可能です。

 POINT!

### 数か月先まで予測が可能。

| 支出 | | | | | | |
|---|---|---|---|---|---|---|
| 支出 | | 0 | | | | |
| 支出 | | 0 | | | | |
| 支出 | | 0 | | | | |
| 支出 | | 0 | | | | |
| 支出1合計 | | 0 | 0 | 0 | 0 | 0 |
| 収支1 | | 0 | | | | |
| 現預金残高1 | 現預金1前月残高→ | | 0 | 0 | 0 | 0 |
| 現預金2 | | | | | | |

| > | メニュー | 🔒1月 | 2月 | 🔒3月 | 🔒4月 | 🔒5月 | 🔒6月 |

取引内容がシンプルな会社では、前月コピーを繰り返して最大12ヶ月間の資金繰り予測を簡単に行うことができます。

# 3　長期予測の場合には現預金残高をコピーする

| 日付 | 前月データコピー | | 前月現預金残コピー | | 行挿入 | |
|---|---|---|---|---|---|---|
| 1 | 2 | 3 | 4 | 5 | 6 | 7 |
| 月曜日 | 火曜日 | 水曜日 | 木曜日 | 金曜日 | 土曜日 | 日曜日 |
| | | | | クリック | | |

　前月コピーを繰り返し、6月まで資金繰り予測をしたとします。その後、2月の数値が変わっても、その月以降の現預金残高は修正前の数字のままです。そのままでは現預金残高の数字があいません。

　その場合には、3月〜6月のシートで「現預金残コピー」ボタンをクリックすると、前月末の預金残高だけをコピーしてつなげることができます。

入力したデータの保存は忘れずに！
「日繰り表」の「メニュー」シートの画面右上に「名前をつけて保存」ボタンがあります。そこからデータを入れた日繰り表を保存してください！

第**3**章

目的別預金口座で
資金繰りを良くする技術

## 3-1

# 意図を持って4つの
# 預金口座を作る

## お金の分け方

　「日繰り表」ソフトでは、最大10個までの預金口座の管理をすることができますが、どのような意図を持って複数の預金口座を作るのかを解説していきましょう。

　さて、口座はひとつだけの方が便利という考え方もありますが、私は用途別に預金口座を分ける方法をおすすめしています。

　私は以前「PROFIT FIRST お金を増やす技術」(ダイヤモンド社刊)という本を翻訳しました。

　**通常、私たちが習う会計は、「売上－経費＝利益」ですが、その本では、その考え方を「売上－利益＝経費」に変えるPROFIT FIRST (利益を先に) を提唱しています。**

　まず、売上から最初に利益とそれにかかる納税分のお金を他の預金口座に移し、残ったお金でやりくりすれば、確実に利益として確保すべきお金と納税資金を残してゆけるというのがこの本の主題です。

　その本ではお金を、次の種類に分けると良いと書かれています。

　**1. 売上を入金する口座**
　**2. 支払いを行う口座**
　**3. 納税用の口座**
　**4. お楽しみ口座 (利益を残す口座)**

私はこれと同じようにお金を振り分けていくことをおすすめします。

## 主婦の封筒式家計費やりくりの応用

　例えばやりくり上手の主婦は、毎月の家計費について給料日の時点で「食費」「家賃」「塾代」「衣服雑貨」「娯楽」「貯蓄」などの封筒に小分けします。そして、スーパーマーケットに買い物に行く際には「食費」の封筒だけを持っていき、旅行の際には「娯楽」の封筒のお金だけを使うようにして、振り分けて「貯蓄」していきます。

　この例も PROFIT FIRST と同じです。会社の預金口座を封筒に見立て、「売上を入金する口座」に入金された直後に、他の口座に強制的に振り分けてしまうという資金管理の方法です。

　「支払いを行う口座」でその月の仕入や経費の支払い、借入金の返済を賄うことができれば、「納税用の口座」と「お楽しみ口座」には想定したお金が残るはずです。

　これが目的別預金口座による資金管理法の概要です。

## お楽しみ口座とは？

　「お楽しみ口座」とは、私の顧問先がつけた名称です。「納税用の口座」で支払った後に残るお金、つまりは社長が自由に使えるお金のことです。

　もちろん将来に備えて残すべきお金でもあるため、実際に全てが自由に使えるわけではありませんが、モチベーションをあげるためにワクワクするようなネーミングにしてもらいました。

　借入金返済のない会社は税引後利益額を、返済がある会社は税引後利益から返済額を引いた金額を1年（12ヶ月）で配分できるよう12等分します。

　月による売上の変動が大きい会社の場合、売上が少ない月は均等額

を預金できない可能性があるので、年間目標預金額を年間の売上高で割り算し、パーセンテージを求めます。そして、月の売上入金額に求めたパーセンテージを掛け算してその月の預金額を決める方法もあります。

　例えば年間売上額が1億円の会社の年間目標預金額が300万円だとすると、そのパーセンテージとして、およそ毎月の売上高の3%をその月の預金額として「お楽しみ口座」に振り替えていくことになります。つまり売上が少ない月は預金額も少なくなります。

## パーキンソンの法則とは？

　「PROFIT　FIRSTお金を増やす技術」では、英国の歴史経済学者のシリル・ノースコート・パーキンソンが唱えるパーキンソンの第2法則「支出の額は、収入の額に達するまで膨張する」を引用してこの方法を説明しています。

　この法則は、冷蔵庫がいつも満杯になるので、より大きな冷蔵庫に買い替えたとしても、その冷蔵庫の容量に合わせて、やがてまたいっぱいになってしまうことを想像するとわかりやすいと思います。

　この法則にあてはめると、預金口座を分けずにひとつの口座だけで資金繰りを行っていると、やがて経費などの支払いによって、入金される売上の金額まで増えていくことを意味します。

　つまり、**結果的に税金として支払うべきお金や、お楽しみにとっておくお金まで手を付けてしまうことになります。**

## 個人事業者のためのPROFIT FIRST方式

　本書では預金口座を「売上を入金する口座」「支払いを行う口座」「納税用の口座」「お楽しみ口座（利益を残す口座）」の４つを作るとしていますが、元になっているPROFIT FIRSTの原著には、５つめとして社長の給料用の口座を作ると書かれています。社長の給料を売上に応じて別預金に資金移動して確保するというものですが、日本の法人税制では、社長の給料は1年間一定にする必要がありますので日本では使えない方法です。

　しかし一定にするとはいっても、個人事業にはそもそも社長の給料というものが存在せず、売上から経費や返済を差し引いて残ったお金が経営者の取り分（生活費）です。従業員に給料を払った後、自分の生活費はカードローンやリボ払いなどの高利の借入で賄っているというケースも少なくないと思います。

　私の知人に、立石裕明氏という方がおられます。淡路島でホテルを経営されていましたが阪神淡路大震災の被災、さらにはリーマンショックによりホテルを手放されました。現在は、それらの経験を活かして、中小企業基盤整備機構のアドバイザーとして官僚に混じって民間人として、政策立案に携わりつつ、全国で講演活動をされておられます。なお、その壮絶な経験は「どんぶり勘定　だからこそ、あなたの会社はこれから伸びる！小規模事業者革命」（きこ書房刊）に記されています。

　その立石氏に、「PROFIT FIRST」を読んでいただいたところ、立石氏流の個人事業者向けの資金繰り表にその５つめの社長の給料口座の考え方を取り入れられ、「経営者給料」という項目を作られました。

　先に経営者の生活費を別口座にきちんと確保したうえで、残ったお金で知恵を絞ってやりくりする習慣をつけることが目的です。

第３章

目的別預金口座で資金繰りを良くする技術

## 3-2

# 「納税用の口座」は必須

## お金に色はつけられない

　目的別預金口座を作る場合、口座を分けるといっても既存の取引の関係で「売上を入金する口座」と「支払いを行う口座」などに分けることがすぐには難しいケースもあると思います。

　しかし、その場合でも「納税用の口座」と「お楽しみ口座」を先に作ることをおすすめします。とりわけ納税用口座は必須ですし、その預金口座がもっとも機能するからです。

　その理由として、2019年から消費税の税率が10％になり多額の納税が必要になりました。

　もともと預かっている税金ですので、自社の資金繰りに回すべきものではないのですが、ひとつの預金口座でお金の管理をしていると、お金に色をつけることはできないので預かった消費税を区別することができません。そして、区別できないまま納税時期が到来し、その多額な納税にあたふたしてしまうことがよくあります。

　実際、消費税の滞納は非常に多く、2018年度では国税滞納額全体の57％が消費税の滞納で占められています。

## 納税用口座にあるお金のことは忘れてしまう

　私の経験ですが、法人税と消費税の予想を行うと、こんな多額の税金が払えるのかと不安になることがあります。ですが、そのような時ほど、「納税用の口座」にお金が残っていることを思い出した時の安堵感といったらありません。

　消費税の年間納税額はある程度予測可能です。それを12か月、12等分し、毎月の売上入金があった時点で「納税用の口座」に振り替えておくと、納税の時に慌てることはありません。

　また、法人税も消費税と同様、納税予想額を納税用口座に毎月振り替えておくと良いでしょう。納税予想額は顧問税理士に聞けば教えてくれるはずです。

　そして、**「納税用の口座」に振り替えた瞬間、そのお金はなかったことにして忘れてしまうことがポイントです。**

 POINT!

### 納税方法について

　　納税方法は、銀行窓口が一般的ですが、ダイレクト納付という方法で税務署に届け出をすれば、預金口座から直接引き落とすことができます。納税用の口座から引き落とされるようにしておくと便利です。
　　また、最近ではクレジットカードで国税を納付することができます。飛行機をよく利用される方はマイレージを貯めるためにクレジットカード払いを好まれます。

# お楽しみ口座をつくる 素敵なメリット

## PROFIT FIRSTと他の資金管理法との違い

　預金口座を分ける資金管理法は、他にもありますが、PROFIT FIRST方式が他と異なるのは、利益用口座（お楽しみ口座）を作ることです。

　その根本的な思想について説明しましょう。

## 節税のためという言い訳なしでお金が使える

　「お楽しみ口座」と名称をつけた顧問先は、毎月、「納税用口座」と「お楽しみ口座」にお金を振り分けています。

　その顧問先は、現金商売、かつ無借金経営で借入金の返済がないため、決算書の税引き後利益とほぼ同じ額が、1年後に「お楽しみ口座」に残ります。

　消費税と法人税は「納税用口座」から支払うことができるので、お楽しみ口座に残ったお金は、1年間頑張ったことにより得られた自由にできるお金です。

　決算書に印刷された利益ではモノは買えませんが、預金通帳に印字された数字は実際に使うことができます。

　大事なことは、「お楽しみ口座」のお金でモノを買うときには節税のためという言い訳は必要ないのです。

　なぜならすでに納税用口座から税金を払った後だからです。

　自分へのご褒美としてお金を使う自由を得られるメリットがあるの

です。

　しかし、現実には、その自由になるはずのお金を使わないケースが多いのも事実です。1年間頑張った証でもあるそのお金を経営者はそう簡単に減らそうとは思わないのです。

## 1%が持つパワー

　「お楽しみ口座に振り替えるゆとりなんかない」

　という資金繰りが厳しい会社もあると思います。

　その会社でも例えば売上の１％だけでもお楽しみ口座に残す習慣をつけると良いでしょう。

　１％なら10万円の売上で1,000円です。10万円が99,000円になったところで大差ありません。無理せず無駄が省かれるはずです。

　チリも積もれば山になるで、1億円の売上がある会社は、気が付けば100万円の自由なお金を手にすることができるようになります。それが「うちのような会社でも貯金ができるんだ！」という自信につながり、負けグセがついている会社の資金繰り改善の第一歩となるかもしれません。

　**これを１％のパワーと呼んでいます。**

 POINT!

### お楽しみ口座も存在を忘れる

　納税用口座と同様、お楽しみ口座も資金移動したら忘れてしまうことが大切です。お楽しみ口座のお金に手を付けることが癖になると、いつまでも無計画な資金繰りから抜け出せません。そのため、お楽しみ口座は、普段使わない銀行口座に預けるのもよいでしょう。また、銀行口座ではなく、後述する経営セーフティ共済や、安全性の高いインデックス型の投資信託を積み立てている会社もあります。

## 3-4

# 日繰り表で目的別預金管理を行う方法

## 自転車操業の会社こそ日繰り表を作成する

数カ月分の支払いを手持ちの資金のみでやり繰りし、それでも預金残高が持てるゆとりのある会社は、これまで説明した資金繰り管理法のみで、預金口座の残高をチェックするだけでも容易に資金のやり繰りをすることは可能です。

しかし、今月の入金から今月の支払いを済ませる綱渡りのような資金繰りを行っている自転車操業の会社では、複数の預金口座の残高がショートしないように注意しながらお金を管理する必要があります。

そして、そのような会社にこそ日繰り表の作成をおすすめしています。

**この目的別預金口座による資金繰り管理法を実践するために最もよい方法が「日繰り表」ソフトの活用です。**

## 目的別預金口座への資金移動の予定表を記入

例えば会社の売上の入金が毎月10日だったとします。ここからあらかじめ決めている金額を、納税用の口座とお楽しみ口座に資金移動します。そして、残りの金額は支払いを行う口座に資金移動します。

この会社は入金額の1％をお楽しみ口座に売りかえることにしました。この例をサンプルに資金移動を解説していきましょう。

# 1 各口座の支出・収入の記入

| 資金繰り表項目 | 摘要 | 合計 | 5 | 6 | | | | | |
|---|---|---|---|---|---|---|---|---|---|
| | | | 金曜日 | 土曜日 | | | | | |
| 現預金1 | みつほ銀行　渋谷支店 | | | | | | | | |
| 収入 | 売掛金入金 | 4,000,000 | | | | | | | 4,000,000 |
| 収入 | | 0 | | | | | | | |
| 入金1合計 | | 4,000,000 | 0 | 0 | 0 | 0 | 0 | 0 | 4,000,000 |
| 支出 | 納税用口座へ資金移動 | 120,000 | | | | | | | 120,000 |
| 支出 | お楽しみ口座へ資金移動 | 40,000 | | | | | | | 40,000 |
| 支出 | 支払い用口座へ資金移動 | 3,740,000 | | | | | | | 3,740,000 |
| 支出 | | 0 | | | | | | | |

入金用口座から納税用とお楽しみ用口座、支払い口座の支出を記入し、各口座に収入として記入

| 資金繰り表項目 | 摘要 | 合計 | 5 | 6 | 7 | 8 | 9 | 10 |
|---|---|---|---|---|---|---|---|---|
| | | | 金曜日 | 土曜日 | 日曜日 | 月曜日 | 火曜日 | 水曜日 |
| 現預金2 | 東京中央信用金庫　支払用 | | | | | | | |
| 収入 | みつほ銀行から資金移動 | 3,740,000 | | | | | | |
| 収入 | | 0 | | | | | | |
| 収入 | | 0 | | | | | | |
| 収入 | | 0 | | | | | | |
| 収入 | | 0 | | | | | | |
| 収入 | | 0 | | | | | | |
| 収入 | | 0 | | | | | | |

このお金で仕入れや経費の支払いをやり繰りする

| 現預金2 | 東京中央信用金庫　支払用 | | |
|---|---|---|---|
| 収入 | みつほ銀行から資金移動 | | 3,740,000 |
| 収入 | | | 0 |

　入金用口座から支出として、摘要欄に「～へ資金移動」と記入し、各口座でどうしたかがわかるようにします。そして、納税用とお楽しみ用、支払い用の各口座の摘要欄などの項目には、収入としてそれらを記入します。

　仕入や経費の支払いを行う口座には374万円の入金がありました。

　その金額で当月の支払いを行うことができれば、納税資金を確保した上で、貯蓄していくことができることになります。

今月は374万円の範囲内でやりくりしないといけないという強制力が働き自然と経費の節約ができてきます。

## 中小企業の社長のやるべき３つの判断基準

中小企業の社長は３つの基準で判断を行い、それがうまく機能すると良いキャッシュフローの循環を生むことになります。その逆もしかりです。

目的別預金口座による資金管理法は、この３つを機能させるために役立ちます。社長が持つ３つの判断基準とは強いものから順番に以下のようになります。

1. 感情
2. 損得
3. 善悪

大きな買い物をするときは、「感情で買って、理性（損得）で正当化する」と言われています。また、節税と脱税の境目にあるような取引をするときに、損得の判断を善悪の判断で制御することになります。

目的別預金口座による資金管理法を行うと、システム的にこれら３つの判断基準を満たすことができます。

**お楽しみ口座のお金で感情を満たすことができます。また、納税用口座をつくることで、特別な節税対策を行う必要がなくなります。そして、結果的にキャッシュフローが良くなり得をすることになります。**

# 経営セーフティ共済の活用

## 掛け金の10倍まで借入可能！

　自由に使えるお金を使うことができない社長さんにおすすめしているのが、「経営セーフティ共済」です。これは取引先が倒産したときに掛け金の10倍まで借入ができるという制度です。

　掛け金は年間で最大240万円、積み立てていくことで借入金とは別にトータル800万円までが法人税の計算上、全額損金（経費）となります。

　また、40ヶ月以上加入していると掛け金が100％解約手当金として戻ってきます。

　例えば240万円に対する法人税率が30％だとすると、毎年72万円の法人税の納税を40ヶ月後以降に先送りすることができ、その金額が「納税用の口座」に余分に残っていくこととなります。

　共済を解約したときには解約手当金に法人税がかかりますが、その分は「納税用の口座」に貯まったお金で支払うことができます。

　また、もしも今後、経営が危機に陥り、会社が赤字になることがあれば共済を解約して解約手当金と赤字を相殺すれば法人税はかかりません。

経営セーフティネット共済

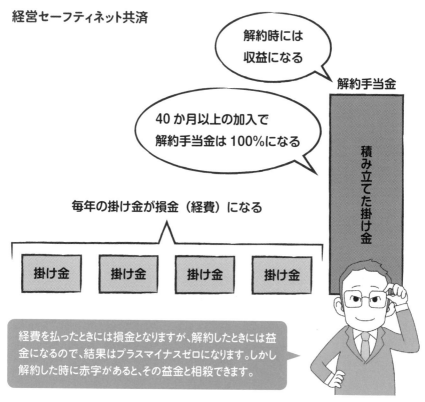

経営セーフティ共済は、節税対策というよりは、納税を将来に繰り延べていることが上記の図からわかります。

　節税商品と言われている生命保険も実はこれと同じような納税の繰延商品にほかなりません。とはいえ解約するまでは手元のキャッシュが増え、共済や保険本来の目的である保障もあるので、もしものときのためのリスクヘッジになります。

 POINT!

**経営セーフティ共済**

https://www.smrj.go.jp/kyosai/tkyosai/index.html

# 預金が増えた改善事例

## 目的別預金口座を導入した法人の改善事例

　実際に目的別預金口座による資金管理法の効果を事例によって解説しましょう。

　私が関与する法人が、この資金管理法を始めたのは2018年度からです。2016年度からの推移を見てみましょう。

**著者が関与したある法人会社の資金推移**

| | 2016 年度 | 2017 年度 | 2018 年度 | 2019 年度 |
|---|---|---|---|---|
| 売上高 | 7350 | 7800 | 7950 | 7800 |
| 当期利益 | 525 | 900 | 720 | 840 |
| 預金増加額 | 45 | 675 | 500 | 600 |
| 経営セーフティ共済 | 0 | 0 | 180 | 240 |
| 実質預金増加 | 45 | 675 | 680 | 840 |
| 対利益預金増加 | 8.5% | 75% | 94% | 100% |

単位：万円

　表のように2016年度からの19年度までの売上や当期利益にはそれほど大きな変化はありませんが、当期利益に対する預金増加の割合（対利益預金増加）が、この方式を始めた2018年から顕著に増え、2019年度ではその割合が100％になっています。

　具体的に行ったことは目的別に預金口座を分けて資金管理法のルー

ル通りに預金を振り替え、余剰の資金で経営セーフティ共済の掛け金を支払ってもらっただけです。

## 必要な税金は払う、無駄な税金は払わない

　もともと利益の出ている法人会社ではあったのですが、「今期も利益が出そうですよ」とお伝えしても、それほど喜ぶ様子はありませんでした。

　2016年度と2017年度はその傾向として「利益が増える＝税金が増える」という中小企業の経営者にありがちな思考回路で、決算前に利益を減らすために固定資産などのモノを買って手元のキャッシュが減るパターンが表れています。

　しかし、2018年度以降、資金管理法を導入した結果、目的別に預金を分ける効果が表れています。

　前述の経営セーフティ共済の利用や、国が用意した各種税額控除のような、キャッシュを減らさない節税策は積極的に行ったうえで、別口座を設けて資金移動、そこからキチンと必要な税金を支払うことで会社にお金を残してゆくことができます。

# ネットバンキングの活用

## 預金口座を開設するおすすめの銀行

　複数の預金口座を運用するためには、インターネットによるネットバンキングの活用が不可欠です。そのためにはネット専業銀行の口座を開設しておくと良いでしょう。普通の銀行や信用金庫の法人用ネットバンキングでは手数料が高く、また、事前に振込先を登録しておかないと当日振り込みができないという問題点があります。

　ネット専業銀行の場合、ネットバンキング自体の利用料は無料です。さらに振込手数料も一般の銀行よりも安く、事前に登録しておかなくても当日振り込みが可能です。

　一方でネット専業銀行のデメリットは、税金の還付や社会保険料の引き落とし、日本政策金融公庫からの借入の返済口座に使えないことです。そのためネット専業銀行以外にも口座が必要となります。

　また、銀行からの借入が必要な場合は、地元の地銀や信金に口座を作って関係を構築しておくことは重要です。

　現在、法人用口座が開設できるネット専業銀行には以下のものがあります。（2020年12月現在）

● ジャパンネット銀行（ペイペイ銀行）
● 楽天銀行
● 住信SBIネット銀行
● GMOあおぞらネット銀行

第4章

# 月次資金繰り予定表(月繰り表)の教科書

# 4-1

## 月繰り表作成の概要

### 月繰り表に何を入力したら良いのかわからない

　日繰り表でも、最長で12ヶ月間の資金繰りを予測することは可能です。しかし、12ヶ月分の資金繰り表をひとつのシートで一覧することはできません。

　また、仮にAという口座からBの口座へ資金移動があった場合、Aの口座は出金、Bの口座は入金となりますが、会社としては自己資金の移動なので、収支としての増減はありません。しかし、日繰り表全体の収支では、その分の入出金がそれぞれ計上され、結果として、外部に対していくらの入金と出金があったのかがわからなくなります。

　また、金融機関から提出を求められるのは月次資金繰り予定表（以下、月繰り表）なのですが、これを作るのはなかなか大変です。

　インターネットで「資金繰り予定表」と検索すると、いくつかの銀行のホームページから、Excelのフォームをダウンロードすることができます。

　ですが、いざ、入力しようと意気込んでもパソコンの画面の前で固まってしまう人が多いのではないでしょうか？

　なぜなら何をどう入力してよいのかがわからないからです。

　ちなみに銀行員などの慣れた人が資金繰り予定表を作る手順はおおむね次のようなものです。

売上入金　…売上の予算とおおよその入金サイトから予測

仕入支払い…売上に対する仕入の割合と、

　　　　　　支払いサイトからのおおよそ予測

経費支払い…損益計算書の販管費から予測

借入金返済…返済予定表から予測

税金支払い…納税予定から予測


　日繰り表が預金残高の動きを漏れなく、こと細かに記録することに比べると、月繰り表は予測することが多く随分アバウトに感じられるかもしれません。ですが、銀行員が知りたいのは貸したお金が戻ってくるのかどうかですのでこの程度の精度でも良いのです。

　特に建設業のような短期間のつなぎ資金の融資を行う業種の場合には、この資金繰り予定表の提出が求められますが、銀行としては大まかな原材料の仕入や外注費の金額と支払い時期、工事代金の金額とその入金時期がわかれば、短期で貸したお金が返済されることを確認できるのでそれでこと足ります。

　本書では、真っ暗な真夜中の走行でも車のヘッドライトとカーナビで行き先がわかるように、この資金繰り予定表を経営者が進むべき方向を知るための道しるべとして位置付けています。

　そのためには、まず、正確な日繰り表の実績データを用意します、そしてそれを利用することで漏れのない、精度の高い月繰り表を作っていきます。

## 月繰り表を起動する

　付属CD-ROMに月繰り表を作成するための「月繰り表1.1」という Excelのテンプレートファイルを収納しています。そのファイルを適当な場所に移してダブルクリックで起動してください。今後、このファイルを「月繰り表」ソフトと呼称します。

※ソフトの名称の数字は今後のアップデートにより変わる場合があります。

## 「月繰り表」ソフト入力の基本的な流れ

### 「月繰り表」ソフトのシート構成（画面下部）

ソフトを開くと、Excel画面が開くので、画面下部のシート部分を確認してください。作業は上記シートの左から右に進んでいきます。

　①「月繰り表」ソフトの「日繰り表データ」シートに、「日繰り表ソフト」のX年Y月分の実績データを取り込む。

　②「摘要マスター」シートで取引明細の摘要に月繰り表の項目を当てはめる。

　③「入金予定表」シートと「支払予定表」シートのX年Y月にデータが自動転記される。

　　　　　↓

　④「月次資金繰り予定表」シートのX年Y月分に反映される。

　というのが月繰り表作成の基本的な流れです。

## 「日繰り表」ソフトの実績値をたたき台にして月繰り表をつくる

　日繰り表から取り込んだ「入金予定表」シートと「支払予定表」シートのX年Y月分実績をたたき台として、X年Y+1月以降に、入金、支払いの予定を組み込みます。すると「月繰り表」シートにそれらの数値が反映され、月繰り表を作成することができます。

　次ページから「日繰り表」からの実績を転記したものとして、前述③と④にあたる「入金予定表」シートと「支払い予定表」シートへのデータの反映からたたき台用データまでの大まかな流れを解説します。

　ここは月繰り予定表の作成の重要なところなので流れをしっかり把握してください。

## 1 「入金予定表」シートを確認する

| 入金予定表 | | 2021/1 | 2021/2 | 2021/3 | 2021/4 | 2021/5 | 2021/6 |
|---|---|---|---|---|---|---|---|
| 売掛入金 | 摘要 | | | | | | |
| 1 | りんご株式会社 | 2,850,000 | 2,900,000 | 2,850,000 | 2,850,000 | 2,850,000 | 2,850,000 |
| 2 | みかん商事 | 1,980,000 | 3,000,000 | 1,980,000 | 1,980,000 | 1,980,000 | 1,980,000 |
| 3 | 密林工業 | 765,000 | 790,000 | 765,000 | 765,000 | 765,000 | 765,000 |
| | 売掛入金 | 5,595,000 | 6,690,000 | 5,595,000 | 5,595,000 | 5,595,000 | 5,595,000 |
| 受取手形入金 | 摘要 | | | | | | |
| | 受取手形入金 | 0 | 0 | 0 | 0 | 0 | 0 |
| 現金売上 | 摘要 | | | | | | |
| 1 | 店頭販売　新宿 | 1,500,000 | 1,500,000 | 1,500,000 | 1,500,000 | 1,500,000 | 1,500,000 |
| 2 | 店頭販売　渋谷 | 1,200,000 | 1,200,000 | 1,200,000 | 1,200,000 | 1,200,000 | 1,200,000 |
| | 現金売上 | 2,700,000 | 2,700,000 | 2,700,000 | 2,700,000 | 2,700,000 | 2,700,000 |
| 手形割引入金 | 摘要 | | | | | | |
| | 手形割引入金 | 0 | 0 | 0 | 0 | 0 | 0 |
| 雑収入 | 摘要 | | | | | | |
| 1 | 補助金 | | | 500,000 | | | |
| | 雑収入 | 0 | 0 | 500,000 | 0 | 0 | 0 |

　後述する69ページの手順で「日繰り表」ソフトの実績データを取り込まれたとします。その手順を経て「入金予定表」シートでデータが反映されていたら、そのデータをたたき台に2月以降のデータの予定も入力します。

## 2 「月次資金繰り予定表」シートを確認する

| 資金繰り予定表 | ⬇日付入力 | | | | | |
|---|---|---|---|---|---|---|
| 科目 | 2021/1 | 2021/2 | 2021/3 | 2021/4 | 2021/5 | 2021/6 |
| [経常収入]：売上入金計 | 2,700,000 | 2,700,000 | 2,700,000 | 2,700,000 | 2,700,000 | 2,700,000 |
| [経常収入]：売掛金回収計 | 5,595,000 | 6,690,000 | 5,595,000 | 5,595,000 | 5,595,000 | 5,595,000 |
| [経常収入]：手形回入金計 | 0 | 0 | 0 | 0 | 0 | 0 |
| [経常収入]：手形割引入金計 | 0 | 0 | 0 | 0 | 0 | 0 |
| [経常収入]：雑収入計 | 0 | 0 | 500,000 | 0 | 0 | 0 |
| [経常収入]：その他経常収入計 | 0 | 0 | 0 | 0 | 0 | 0 |
| 経常収入合計 | 8,295,000 | 9,390,000 | 8,795,000 | 8,295,000 | 8,295,000 | 8,295,000 |
| [経常支出]：仕入支払計 | 0 | 0 | 0 | 0 | 0 | 0 |

　「入金予定表」シートの各項目の合計額が「月次資金繰り予定表」シートに反映されています。

## 3 「支払い予定表」シートを確認する

| 支払予定表 | | | | | | |
|---|---|---|---|---|---|---|
| 買掛支払い | 摘要 | | | | | |
| | 1 とんぼ株式会社 | 2,100,000 | 2,100,000 | 2,100,000 | 2,100,000 | 2 |
| | 2 すずむし商事 | 1,100,000 | 1,100,000 | 1,100,000 | 1,100,000 | 1 |
| | 3 有限会社てんとうむし | 1,750,000 | 1,750,000 | 1,750,000 | 1,750,000 | 1 |
| | 買掛支払い | 4,950,000 | 4,950,000 | 4,950,000 | 4,950,000 | 4 |
| | 手形支払い | 0 | 0 | 0 | 0 | |
| 現金仕入れ | 摘要 | | | | | |
| | 現金仕入れ | 0 | 0 | 0 | 0 | |
| 未払金支払い | 摘要 | | | | | |
| | 未払金支払い | 0 | 0 | 0 | 0 | |
| 人件費支払い | 摘要 | | | | | |
| | 1 役員報酬 | 500,000 | 500,000 | 500,000 | 500,000 | |
| | 2 給料 | 1,200,000 | 1,200,000 | 1,200,000 | 1,200,000 | 1 |
| | 3 アルバイト | 130,000 | 130,000 | 130,000 | 130,000 | |
| | 4 社会保険料 | 520,000 | 520,000 | 520,000 | 520,000 | |
| | 人件費支払い | 2,350,000 | 2,350,000 | 2,350,000 | 2,350,000 | 2 |

　「支払い予定表」シートの2021年1月にも「日繰り表」の実績データが取り込まれています。その数値をたたき台として、2021年2月以降の支払いデータの予定を入力します。

## 4 「月次資金繰り予定表」シートを確認する

| | | | | | | |
|---|---|---|---|---|---|---|
| 経常支出 : 仕入支払い計 | 0 | 0 | 0 | 0 | 0 | 0 |
| 経常支出 : 買掛金支払計 | 4,950,000 | 5,856,874 | 4,950,000 | 4,950,000 | 4,950,000 | 4,950,000 |
| 経常支出 : 手形決済支払計 | 0 | 0 | 0 | 0 | 0 | 0 |
| 経常支出 : 未払金支払い計 | 0 | 0 | 0 | 0 | 0 | 0 |
| 経常支出 : 人件費支出計 | 2,350,000 | 2,350,000 | 2,350,000 | 2,350,000 | 2,350,000 | 2,350,000 |
| 経常支出 : 諸経費支出計 | 650,000 | 650,000 | 650,000 | 650,000 | 650,000 | 650,000 |
| 経常支出 : 利息等支払い計 | 0 | 0 | 0 | 0 | 0 | 0 |
| 経常支出 : その他経常支払い計 | 0 | 0 | 0 | 0 | 0 | 0 |
| 経常支出合計 | 7,950,000 | 8,856,874 | 7,950,000 | 7,950,000 | 7,950,000 | 7,950,000 |

　支払予定表の各項目の合計額が「月次資金繰り予定表」シートに反映されています。

　本ソフトでは入金と出金の数字入力の作業で、月繰り予定表作成が可能です。

## 売上入金・仕入支払・納税予定など日繰り実績をたたき台にできない場合

　実績データをたたき台にして、諸経費や借入金の返済など、実績とほぼ同じ金額を予定額としても差し支えない項目もあります。しかし、売上入金、支払予定を予定に落とし込む作業はそんなに容易ではありません。売上の入金、それに対する仕入代金の支払は、その会社の資金繰りの心臓部ですので慎重に予測することが必要です。

　また、法人税や消費税の納税予定も毎年金額が変動します。それらの課題に対応するために、「月繰り表ソフト」内に「売上仕入入力」シートと「納税予定表」シートを用意しました。その結果を「入金予定表」シートと「支払予定表」シートに転記できるようになっています。

 POINT!

### 建設業などの待ち受け型の企業の場合

　建設業など相手から受注を受ける待ち受け型の商流だと、いついくらの受注があるという長期的な売上予測が難しいため、3か月くらいの期間で確実に受注できるものについての入金、支払い予測をすることが現実的です。

# 「日繰り表」ソフトの実績データを
# 「月繰り表」ソフトに取り込む

## 「日繰り表」ソフトと「月繰り表」ソフトを起動する

　それでは「月繰り表」ソフトの、「日繰り表データ」シートにデータを取り込みます。

　「日繰り表」ソフトと「月繰り表」ソフトの両方を起動してください。

### 1　「月繰り表」ソフトの「日繰り表データ」シートを選択する

　「月繰り表」ソフトの「日繰り表データ」シートを選択します。「日繰り表データ」シートは「日繰り表」ソフトのデータを取り込むためのシートです。

## 2 「日繰り表」ソフトの「1月」シートから合計額をコピーする

| 2021年 | クリック | → | 月次へコピー |
|---|---|---|---|

| 資金繰り表項目 | 摘要 | 合計 |
|---|---|---|
| | | |
| 現預金1 | みつほ銀行　渋谷支店 | |
| 収入 | 売掛金入金 | 20,180,000 |
| 収入 | 現金売上 | 95,000 |
| 入金1合計 | | 20,275,000 |
| 支出 | 買掛金支払い | 16,860,000 |
| 支出 | 複合機リース料 | 36,000 |
| 支出 | 電話代 | 15,000 |
| 支出 | 電気代 | 35,000 |
| 支出 | 東京中央信用金庫へ資金移動 | 500,000 |
| 支出 | 給料支払い | 2,500,000 |
| 支出 | | 0 |
| 支出 | | 0 |
| 支出 | | 0 |
| 支出 | | 0 |
| 支出1合計 | | 19,946,000 |
| 収支1 | | 329,000 |
| 現預金残高1 | 現預金1前月残高→ | 1,253,500 |
| 現預金2 | 東京中央信用金庫 | |
| 収入 | みつほ銀行から資金移動 | 500,000 |
| 収入 | | 0 |

ボタンを押すと
コピーされる

| ◀ | ▶ | メニュー | 1月 | 2月 | 3 |
|---|---|---|---|---|---|

　「日繰り表ソフト」の「1月」シートにある「月次へコピー」ボタンをクリックすると、資金繰り表項目から合計までのデータがコピーされた状態になります。

　この「月次へコピー」ボタンでコピーされるデータは、各現預金の摘要と合計金額です。

| ①日繰り表データ貼り付け | | 日繰り表ソフトの「月次へコピー」ボタンで<br>左のボタンをクリックして値を貼り付けて< |
|---|---|---|

| 2021 | | |
|---|---|---|
| 資金繰り表項目 | 摘要 | 合計 |
| | | ボタンを押すと<br>貼り付けられる |
| 現預金1 | みつほ銀行　渋谷支店 | |
| 収入 | 売掛金入金 | 20180000 |
| 収入 | 現金売上 | 95000 |
| 入金1合計 | | 11 20275000 |
| 支出 | 買掛金支払い | 16860000 |
| 支出 | 複合機リース料 | 36000 |
| 支出 | 電話代 | 15000 |
| 支出 | 電気代 | 35000 |
| 支出 | 東京中央信用金庫へ資金移動 | 500000 |

HOME | 日繰り表データ | 摘要マスター | 実績表 | 入金予定表

　「日繰り表」ソフトのデータが選択された状態で、「月繰り表」ソフトの「日繰り表データ」シートにある「①日繰り表データ貼り付け」ボタンをクリックすると、データが「日繰り表データ」シートに貼り付けられます。

## 4 「摘要マスター」に転記する

月繰り表ソフトの「日繰り表データ」シートの右上にある、「摘要マスターに転記」ボタンをクリックします。すると「日繰り表データ」シートに貼り付けられた日繰り表の実績データの摘要部分が入金と出金に分類されて「摘要マスター」シートに転記されます。

## 5 「摘要マスター」シートにデータが取り込まれる

| 入金の項目 入力 | 摘要 摘要に資金移動という文字が含まれていたら項目に資金移動を入力 | 支出の項目 入力 | 摘要 2回目以降は一番下の行に、入出金項目が設定されていない摘要が追加されます。ので設定を行います。 |
|---|---|---|---|
| | 現金売上 みづほ銀行 渋谷支店 | | 給料支払い みづほ銀行 渋谷支店 |
| | 売掛金入金 みづほ銀行 渋谷支店 | | 消費税納税 みづほ銀行 渋谷支店 |
| | みづほ銀行から資金移動 東京中央信用金庫 | | 電気代 みづほ銀行 渋谷支店 |
| | 給付金 東京中央信用金庫 | | 電話代 みづほ銀行 渋谷支店 |
| | | | 東京中央信用金庫へ資金移動 みづほ銀行 渋谷支店 |
| | | | 買掛金支払い みづほ銀行 渋谷支店 |
| | | | 複合機リース料 みづほ銀行 渋谷支店 |
| | | | 役員報酬 みづほ銀行 渋谷支店 |
| | | | クレジットカード 東京中央信用金庫 |
| | | | 家賃 東京中央信用金庫 |

「摘要マスター」シートに「日繰り表ソフト」で入力した入金と支出の摘要部分が取り込まれています。この「摘要マスター」シートの「入金の項目入力」欄と「支出の項目入力」欄の下にある、資金繰り表項目の摘要にラベル付けすることで各取引がこれからつくる資金繰り予定表と結びつきます。

## 「摘要マスター」シートで「資金移動」の項目を ラベル付けする

| 入金の項目 | 摘要 | | 支出の項目 | 摘要 |
|---|---|---|---|---|

摘要に資金移動という文字が含まれていたら項目に資金移動を入力

クリック

現金売上 みつほ銀行　渋谷支店
売掛金入金 みつほ銀行　渋谷支店

資金移動　　みつほ銀行から資金移動 東京中央信用金庫
　　　　　　給付金 東京中央信用金庫

「資金移動」を
名称に入れておく

2回目以降は一番下の行に、入出金が
追加されます。ので設定

給料支払い
電気代
電話代

資金移動　　東京中央信用金庫へ資金移動

　「摘要マスター」シートで摘要と資金繰り表項目のラベル付けを行います。

　まずやるべきは、預金口座間の資金の移動に関する摘要に対して、「資金移動」というラベルを資金繰り表項目欄に付けます。

　ちなみに資金移動である摘要にあらかじめ「資金移動」という文字を「日繰り表」ソフト入力の時点で入れておくと、画面上部にある「摘要に資金移動という文字が含まれていれば資金移動を入力」ボタンをクリックすることにより、入力欄に「資金移動」のラベルを自動的に付けることができます。

　「資金移動」とは、みつほ銀行から東京中央信用金庫への資金の移動など、自社の口座間の資金の移動を指します。**会社全体として見れば外部とのお金の出入りではないので、「資金移動」になる項目は「月次資金繰り予定表」シートには反映させないようにします。**

## 「摘要マスター」シートで入金の項目を設定する

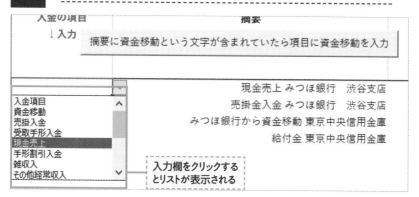

「資金移動」以外の摘要について、それぞれの摘要に相当する資金繰り表項目をリストから選択してラベルを付けていきます。

　例えば摘要欄にある「現金売上 みつほ銀行 渋谷支店」に対する資金繰り表項目として、ドロップダウンリストから「現金売上」を選択するといった具合です。

　資金繰り表項目の選択は、後述の83ページの入金項目の概要を参照してください。

## 8 すべての摘要に対してラベルを付ける

| 入金の項目 | 摘要 |
| --- | --- |
| ↓入力 | 摘要に資金移動という文字が含まれていたら項目に資金移動を入力 |

| | |
| --- | --- |
| 現金売上 | 現金売上 みつほ銀行　渋谷支店 |
| 売掛入金 | 売掛金入金 みつほ銀行　渋谷支店 |
| 資金移動 | みつほ銀行から資金移動 東京中央信用金庫 |
| 雑収入 ▼ | 給付金 東京中央信用金庫 |
| 雑収入 ▲ | |

入金の項目欄にラベルをすべて付けていく

他の項目も同様にドロップダウンリストから選択します。各項目へのラベル付けを行ったら入金項目の設定が終わります。

👆 POINT!

### ラベル付け作業とパソコンの挙動について

「日繰り表」データから、「月繰り表」を作成する一連の流れの中で、時間を要するのは初回の「摘要マスター」シートで資金繰り表の項目をラベル付けするところだけです。2回目以降は、増えた摘要にのみラベル付けするので1分程度で終わります。

また、「摘要マスター」シートの「資金繰り予定表作成」ボタンをクリックすると一気に「月繰り表」まで作成できますが、パソコンのスペックによっては作成時間に差が出るかもしれません。私の場合、たまたまかも知れませんがインテル製のCPUではサクサク動いても、AMD製のCPUだと時間がかかってしまいます。

もしも作表に長時間要する場合には、別のパソコンで試してみてください。

| 支出の項目<br>↓入力 | 摘要 |
|---|---|
| | 2回目以降は一番下の行に、入出金項目が設定されていない摘要が追加されます。ので設定を行います。 |

| 支出の項目 | 摘要 |
|---|---|
| 人件費支払い | 給料支払い みつほ銀行　渋谷支店 |
| 諸経費支払い | 電気代 みつほ銀行　渋谷支店 |
| 諸経費支払い | 電話代 みつほ銀行　渋谷支店 |
| 資金移動 | 東京中央信用金庫へ資金移動 みつほ銀行　渋谷支店 |
| 買掛支払い | 買掛金支払い みつほ銀行　渋谷支店 |
| 諸経費支払い | 複合機リース料 みつほ銀行　渋谷支店 |
| 未払金支払い | クレジットカード 東京中央信用金庫 |
| 諸経費支払い | 家賃 東京中央信用金庫 |
| 諸経費支払い | 自動車リース料 東京中央信用金庫 |
| 買掛支払い | 買掛金支払い 東京中央信用金庫 |
| 長期借入金返済 | 返済 東京中央信用金庫 |
| 諸経費支払い | 保険料 東京中央信用金庫 |

支出も入金同様ラベルを付ける

支出も同様にラベル付けを行っていきます。

　資金繰り表項目を選択は、後述の84ページの支出項目の概要を参照してください。通常、支出の項目は入金より種類が多くなります。**項目の設定に厳密なルールはありません。迷ったら自分が管理しやすい項目を設定でよいでしょう。**

　例えば上記の画面では、クレジットカードで迷うかもしれません。「諸経費支払い」でも良いのですが、私の場合クレジットカード払いがきちんと区別できるようにしたいので「未払金支払い」としています。

　これで「摘要マスター」シートでのラベル付けは終了です。

## 10 「摘要マスター」シートで月繰り表作成の たたき台を作成する

| 支出の項目 ↓入力 | 摘要 | |
|---|---|---|
| | 2回目以降は一番下の行に、入出金項目が設定されていない摘要が追加されます。ので設定を行います。 | **資金繰り予定表作成** |
| 人件費支払い | 給料支払い みつほ銀行 渋谷支店 | |
| 諸経費支払い | 電気代 みつほ銀行 渋谷支店 | |
| 諸経費支払い | 電話代 みつほ銀行 渋谷支店 | **クリック** |
| 資金移動 | 東京中央信用金庫へ資金移動 みつほ銀行 渋谷支店 | |
| 買掛支払い | 買掛金支払い みつほ銀行 渋谷支店 | |
| 諸経費支払い | 複合機リース料 みつほ銀行 渋谷支店 | |
| 未払金支払い | クレジットカード 東京中央信用金庫 | |
| 諸経費支払い | 家賃 東京中央信用金庫 | |
| 諸経費支払い | 自動車リース料 東京中央信用金庫 | |
| 買掛支払い | 買掛金支払い 東京中央信用金庫 | |
| 長期借入金返済 | 返済 東京中央信用金庫 | |

　「摘要マスター」シートの右上にある「資金繰り予定表作成」ボタンをクリックすると、「摘要マスター」シートの設定にしたがい、「入金予定表」シートと「支払予定表」シートにデータが送られ、さらに「月次資金繰り予定表」シートに反映されます。

| | | | 2020/1/1の形式で入力してください。 | | | | 空白行非表示 | |
| | | | ↓日付入力 | | | | | |
| | | | 2021/1 | 2021/2 | 2021/3 | 2021/4 | 2021/5 | 2021/6 | 20 |
| 1 | 売掛金入金 みつほ銀行 渋谷支店 | | 10,500,000 | | | | | |
| | 売掛入金 | 計 | 10,500,000 | 0 | 0 | | クリック | |
| 受取手形入金 | 摘要 | 金融機関等 | | | | | | |
| | 受取手形入金 | 計 | 0 | 0 | 0 | 0 | 0 | 0 |
| 現金売上 | 摘要 | 金融機関等 | | | | | | |
| 1 | 現金売上 みつほ銀行 渋谷支店 | | 2,700,000 | | | | | |
| | 現金売上 | 計 | 2,700,000 | 0 | 0 | 0 | 0 | 0 |
| 手形割引入金 | 摘要 | 金融機関等 | | | | | | |
| | 手形割引入金 | 計 | 0 | 0 | 0 | 0 | 0 | 0 |
| 雑収入 | 摘要 | 金融機関等 | | | | | | |
| 1 | 給付金 東京中央信用金庫 | | 2,000,000 | | | | | |

◀ ▶ ▶┃ HOME ╱日繰り表マスタ╱摘要マスター╱一般仕訳帳╲入金予定表╱支払予定表╱月次資金繰り予定表╱売上f
ンド フィルター モード ┃ 🖳

　「入金予定表」シートに摘要と金額が項目ごとに転記されています。

　なお、画面上にある「空白行非表示」ボタンをクリックすると、空白行が表示されなくなり全体を見渡すことができるようになります。

データが見えないときは「空白行非表示」ボタンをクリックすればデータが見えるようなります！

# 12 日付設定の考え方

| | 支払予定 | 「日繰り表」ソフトのデータに準拠されるが、手入力も可能 | | | | 空白行非表示 | |
|---|---|---|---|---|---|---|---|
| | | | 2021/2 | 2021/3 | 2021/4 | 2021/5 | 2021/6 |
| 買掛支払い | 摘要 | | | | | | |
| 1 | 買掛金支払い みづほ銀行　渋谷支店 | 7,700,000 | | | | | |
| 2 | 買掛金支払い 東京中央信用金庫 | 50,000 | | | | | |
| | 買掛支払い | 7,750,000 | 0 | 0 | 0 | 0 | 0 |
| 手形支払い | 摘要 | | | | | | |
| | 手形支払い | 0 | | | | | |

　「入金予定表」シートは、取り込んだ「日繰り表」ソフトのシートの年月を基準にデータが取り込まれます。

　この例では2021年1月分のデータが該当します。もしも日付欄に入力されている日付が2021年1月1日よりも前（例：2020年12月1日）であれば、日付欄に2021年1月1日が自動的に入力されます。

　また、日付欄が2021年1月1日の状態で、翌月2021年2月分のデータを取り込むと2021年2月としてデータが転記されます。この方法でどんどん実績値を追加していくことが可能です。

> 直接日付を日付欄に入力する場合は、必ず年月日の日は1日にしてください。

第4章　月次資金繰り予定表（月繰り表）の教科書

# 13 「支払予定表」シートへの自動転記

| | | 支払予定表 | | 空白行非表示 | | | | |
|---|---|---|---|---|---|---|---|---|
| | | | 2021/1 | 2021/2 | 2021/3 | 2021/4 | 2021/5 | 2021/6 |
| 買掛支払い | | 摘要 | | | | | | |
| | 1 | 買掛金支払い みつほ銀行　渋谷支店 | 7,700,000 | | | | | |
| | 2 | 買掛金支払い 東京中央信用金庫 | 50,000 | | | | | |
| | | 買掛支払い | 7,750,000 | 0 | 0 | 0 | 0 | 0 |
| 手形支払い | | 摘要 | | | | | | |
| | | 手形支払い | 0 | 0 | 0 | 0 | 0 | 0 |
| 現金仕入れ | | 摘要 | | | | | | |
| | | 現金仕入れ | 0 | 0 | 0 | 0 | 0 | 0 |
| 未払金支払い | | 摘要 | | | | | | |
| | 1 | クレジットカード 東京中央信用金庫 | 250,000 | | | | | |
| | | 未払金支払い | 250,000 | 0 | 0 | 0 | 0 | 0 |
| 人件費支払い | | 摘要 | | | | | | |
| | 1 | 給料支払い みつほ銀行　渋谷支店 | 2,500,000 | | | | | |
| | 2 | 役員報酬 みつほ銀行　渋谷支店 | 800,000 | | | | | |

◀ ▶ ▶│ HOME │日繰りデータ／摘要マスター／実績表／入金予定表 │ 支払予定表 │ 月次資金繰り
ンド　フィルター モード│

　「支払予定表」シートにも摘要と金額が項目ごとにデータが転記され
ています。なお、**「支払予定表」シートの日付は「入金予定表」シート
と連動しています。**

## 「月次資金繰り予定表」シートへ反映させる

| 資金繰り予定表 | ↓日付入力 | | | | | | | | | |
|---|---|---|---|---|---|---|---|---|---|---|
| 科目 | 2021/1 | 2021/2 | 2021/3 | 2021/4 | 2021/5 | 2021/6 | 2021/7 | 2021/8 | 2021/9 | 2021/10 |
| [経常収入]：売上入金計 | 2,700,000 | 0 | 0 | 0 | 0 | 0 | 0 | 0 | 0 | 0 |
| [経常収入]：売掛金回収計 | 10,500,000 | 0 | 0 | 0 | 0 | 0 | 0 | 0 | 0 | 0 |
| [経常収入]：手形回収入金計 | 0 | 0 | 0 | 0 | 0 | 0 | 0 | 0 | 0 | 0 |
| [経常収入]：手形割引入金計 | 0 | 0 | 0 | 0 | 0 | 0 | 0 | 0 | 0 | 0 |
| [経常収入]：雑収入計 | 2,000,000 | 0 | 0 | 0 | 0 | 0 | 0 | 0 | 0 | 0 |
| [経常収入]：その他経常収入計 | 0 | 0 | 0 | 0 | 0 | 0 | 0 | 0 | 0 | 0 |
| 経常収入合計 | 15,200,000 | 0 | 0 | 0 | 0 | 0 | 0 | 0 | 0 | 0 |
| [経常支出]：仕入支払い計 | 0 | 0 | 0 | 0 | 0 | 0 | 0 | 0 | 0 | 0 |
| [経常支出]：買掛金支払計 | 7,750,000 | 0 | 0 | 0 | 0 | 0 | 0 | 0 | 0 | 0 |
| [経常支出]：手形決済支払計 | 0 | 0 | 0 | 0 | 0 | 0 | 0 | 0 | 0 | 0 |
| [経常支出]：未払金支払い計 | 250,000 | 0 | 0 | 0 | 0 | 0 | 0 | 0 | 0 | 0 |
| [経常支出]：人件費支出計 | 3,300,000 | 0 | 0 | 0 | 0 | 0 | 0 | 0 | 0 | 0 |
| [経常支出]：諸経費支出計 | 496,000 | 0 | 0 | 0 | 0 | 0 | 0 | 0 | 0 | 0 |
| [経常支出]：利息等支払い計 | 0 | 0 | 0 | 0 | 0 | 0 | 0 | 0 | 0 | 0 |
| [経常支出]：その他経常支払い計 | 0 | 0 | 0 | 0 | 0 | 0 | 0 | 0 | 0 | 0 |
| 経常支出合計 | 11,796,000 | 0 | 0 | 0 | 0 | 0 | 0 | 0 | 0 | 0 |
| 経常収支過不足 | 3,404,000 | 0 | 0 | 0 | 0 | 0 | 0 | 0 | 0 | 0 |
| [財務等支出]：短期借入金返済計 | 0 | 0 | 0 | 0 | 0 | 0 | 0 | 0 | 0 | 0 |
| [財務等支出]：長期借入金返済計 | 250,000 | 0 | 0 | 0 | 0 | 0 | 0 | 0 | 0 | 0 |
| [財務等支出]：役員・関係会社借入返済計 | 0 | 0 | 0 | 0 | 0 | 0 | 0 | 0 | 0 | 0 |
| [財務等支出]：長期未払金支払い計 | 0 | 0 | 0 | 0 | 0 | 0 | 0 | 0 | 0 | 0 |
| [財務等支出]：固定資産購入計 | 0 | 0 | 0 | 0 | 0 | 0 | 0 | 0 | 0 | 0 |
| [財務等支出]：定期性預金預入計 | 0 | 0 | 0 | 0 | 0 | 0 | 0 | 0 | 0 | 0 |
| [財務等支出]：投資・貸付金等計 | 0 | 0 | 0 | 0 | 0 | 0 | 0 | 0 | 0 | 0 |
| [財務等支出]：法人税等支払い計 | 0 | 0 | 0 | 0 | 0 | 0 | 0 | 0 | 0 | 0 |
| [財務等支出]：消費税支払い計 | 550,000 | 0 | 0 | 0 | 0 | 0 | 0 | 0 | 0 | 0 |
| [財務等支出]：その他財務等支出計 | 0 | 0 | 0 | 0 | 0 | 0 | 0 | 0 | 0 | 0 |
| 財務等支出合計 | 800,000 | 0 | 0 | 0 | 0 | 0 | 0 | 0 | 0 | 0 |
| [財務等収入]：短期借入金入金計 | 0 | 0 | 0 | 0 | 0 | 0 | 0 | 0 | 0 | 0 |
| [財務等収入]：長期借入金入金計 | 0 | 0 | 0 | 0 | 0 | 0 | 0 | 0 | 0 | 0 |
| [財務等収入]：役員・関係会社借入金計 | 0 | 0 | 0 | 0 | 0 | 0 | 0 | 0 | 0 | 0 |
| [財務等収入]：長期未払金入金計 | 0 | 0 | 0 | 0 | 0 | 0 | 0 | 0 | 0 | 0 |
| [財務等収入]：固定資産売却計 | 0 | 0 | 0 | 0 | 0 | 0 | 0 | 0 | 0 | 0 |
| [財務等収入]：定期性預金払い戻し計 | 0 | 0 | 0 | 0 | 0 | 0 | 0 | 0 | 0 | 0 |
| [財務等収入]：貸付金返済入金計 | 0 | 0 | 0 | 0 | 0 | 0 | 0 | 0 | 0 | 0 |
| [財務等収入]：その他財務等入金計 | 0 | 0 | 0 | 0 | 0 | 0 | 0 | 0 | 0 | 0 |
| 財務等収入合計 | 0 | 0 | 0 | 0 | 0 | 0 | 0 | 0 | 0 | 0 |
| 財務等収支 | -800,000 | 0 | 0 | 0 | 0 | 0 | 0 | 0 | 0 | 0 |

入金と支出のデータが一覧できるようになる

HOME　日繰り表データ　摘要マスター　実績表　入金予定表　支払予定表　月次資金繰り予定表

　「月次資金繰り予定表」シートに、「入金予定表」シートと「支払予定表」シートのデータが自動的に反映されます。

　この2021年1月の実績データが、2021年2月以降の月繰り表のたたき台になります。

　**「日繰り表」ソフトの実績値をもとにしているために摘要項目の漏れがなく、実態に即したものになります。**

第4章 月次資金繰り予定表（月繰り表）の教科書

# 月次資金繰り予定表の策定

## 入金項目の概要

　「入金予定表」シートと「支払予定表」シートに、予測額を入力していくわけですが、それぞれの項目にどのような取引を入力するのかをあらかじめ整理しておきましょう。

　まずは、「月次資金繰り予定表」シートの入金項目から説明します。

項目の分類についての規則はありません。あまり難しく考えず、資金繰り表を作成していく中で徐々に改善していきましょう!

| 資金繰り表項目 | 概要 |
|---|---|
| 経常収入 | 通常の商取引の中で得られる収入 |
| 売上入金 | 売上が発生した時点で回収されるお金 |
| 売掛金入金 | 売上が発生し売掛金となり後日回収されるお金 |
| 手形回収入金 | 売掛金が手形で支払われ手形決済日に回収されるお金 |
| 手形割引入金 | 手形が金融機関で割引かれ現金化されるお金 |
| 雑収入 | 売上以外の経常的な収入 |
| その他経常収入 | 上記のいずれにも該当しない経常収入※1 |
| 財務等収入 | 主に資金調達により得られる収入 |
| 短期借入金入金 | 融資実行から1年以内に一括返済されるつなぎ融資の入金 |
| 長期借入金入金 | 融資実行から1年以上の期間分割して弁済する借入金の入金 |
| 役員借入金入金 | 役員や関連会社からの借入による資金調達 |
| 固定資産売却 | 固定資産売却による入金 |
| 定期性預金戻し入れ | 定期預金等の満期や解約による入金 |
| 貸付金返済入金 | 貸付金が返済されたことによる入金 |
| その他財務収入 | 上記のいずれにも該当しない財務収入※2 |

※1 受取利息、買掛金や経費の支払いが戻ってきた場合などが考えられる

※2 配当金、保険金の入金、税金の還付など

## 支出項目の概要

次に支出項目を説明します。

| 資金繰り表項目 | 概要 |
|---|---|
| 経常支出 | 通常の商取引の中で行う支出 |
| 仕入支払い | 仕入が発生した時点で支払うもの |
| 買掛金支払い | 商品を仕入れ買掛金となり後日支払うもの |
| 手形決済支払い | 買掛金を手形で支払い、手形決済日に支払うもの |
| 未払金支払い | 買掛金以外の後払い。クレジットカード支払いなど |
| 人件費支払い | 給料、社会保険料、源泉所得税などの支払い |
| 諸経費支払い | 損益計算書の販管費の支払い。但し税込みの金額 |
| その他経常支払い | 上記のいずれにも該当しない経常支出[1] |
| 財務等支出 | 通常の商取引以外の支出や投資 |
| 短期借入金返済 | 短期借入金の期日返済 |
| 長期借入金返済 | 長期借入金の分割返済 |
| 役員借入金返済 | 役員借入金の返済 |
| 長期未払金支払 | 自動車ローンの支払いなど |
| 固定資産購入 | 固定資産購入のための支出 |
| 定期性預金預入 | 定期預金などへの預け入れ |
| 投資・貸付金等 | 株式投資や貸付による支出 |
| 法人税等支払い | 法人税等の支払い[2] |
| 消費税等支払い | 消費税等の支払い |
| その他財務支出 | 上記のいずれにも該当しない財務支出[3] |

※1 売上の返金、立替金や仮払金の支払いなど

※2 個人事業者の場合、所得税や住民税の支払いはここに入力する

※3 役員への貸付や、個人事業主への貸し付けはここに入力する

## 入金項目の予測方法

入金項目の予測方法について、予測するにあたり入金項目は5つのグループに分けることができます。

| グループ | 予測方法 |
|---|---|
| 1. 売掛金入金、現金売上 | 前年実績や売上予測表 |
| 2. 受取手形入金、手形割引入金 | 手形受け払い帳、売上予測表 |
| 3. 雑収入 | 予測できるものだけを入力 |
| 4. 短期借入金入金、長期借入金入金、役員借入金入金、固定資産売却 | 他の入力が終わった時点で、資金ショートが予測される場合の補填や設備投資に必要な金額を入力 |
| 5. その他経常収入・財務収入 | 予測できるものだけを入力 |

 POINT!

### 予測のアドバイス1

「売上仕入入力」シートで、グループ1と2にあたる売掛金入金、現金売上、受取手形入金、手形割引入金を予測することができます。その方法については88ページで後述します。

## 出金項目の予測方法

出金項目では10のグループに分けることができます。

| グループ | 予測方法 |
|---|---|
| 1. 買掛金支払い、現金仕入 | 前年実績や売上予測表 |
| 2. 手形支払い | 手形受け払い帳、売上予測表 |
| 3. 未払金・人件費・諸経費支払い | 日繰り表から転記した実績値をコピーして適宜修正を加える |
| 4. 短期借入金・長期借入金・長期未払金支払い | 日繰り表転記金額をコピーする。または借入金返済予定表 |
| 5. 役員・関係会社借入金返済 | 日繰り表実績値、前年実績値を参考にする |
| 6. 固定資産購入 | 固定資産の購入予定時期と金額 |
| 7. 定期性預金預入 | 日繰り表実績値、前年実績値を参考にする |
| 8. 投資貸付金等 | 日繰り表実績値、前年実績値を参考にする |
| 9. 法人税等・消費税等支払い | 納税予定表 |
| 10. その他経常支払い・財務支出 | 予測できるものだけ入力 |

 POINT!

### 予測のアドバイス2

　「売上仕入入力から入金支払い予定作成機能」により、グループ1と2にあたる買掛金支払い、現金仕入、手形支払いを予測することができます。その方法については後述の92ページで解説します。

**POINT!**

## 予測のアドバイス3

　「納税予定表」シートにより、消費税、法人税等、個人所得税等の納税予
測をすることができます。その方法については後述の98ページで解説します。

# 4-4

## 入金サイトから売上入金を予測する

### 1 「月繰り表」ソフトの「売上仕入入力」シートで予測する

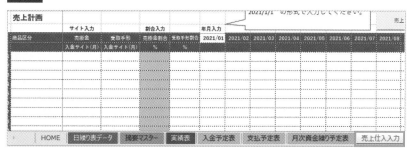

「売上仕入入力」シートを使って、売上入金、受取手形入金、仕入支払、支払手形支払を予測していきます。

## 2 売上計画での売掛金と受取手形の割合（％）と入金サイトを設定する

サイト欄に月数、
％欄に割合を入力

**売上計画**

| 商品区分 | サイト入力 | | 割合入力 | | 年月入力 | |
| | 売掛金 | 受取手形 | 売掛金割合 | 受取手形割合 | 2021/01 | 2021/02 |
| | 入金サイト（月） | 入金サイト（月） | ％ | ％ | | |
| 商品A | 1 | | 100% | | 5,000,000 | 4,000,000 |
| 商品B | 1 | | 100% | | 3,000,000 | 2,500,000 |
| 商品C | 1 | 3 | 50% | 50% | 2,000,000 | 1,800,000 |

「売上仕入入力」シートに売上計画内にある商品区分から売掛金と受取手形の割合（％）と入金までのサイトを示す期間（月）を入力していきます。

例えば商品Aの2021年1月分の売上は5,000,000円、売掛金が100％で1か月後の入金です。商品Cは、売掛金が50％で1か月後、受取手形を50％で回収し、3か月後に入金されるということになります。

## 売上金額の入力

売上金額の予測は、前年実績や売上予算をもとに入力します。

ここで入力する売上時期は、商品の引き渡しや請求書を発行した月となります。したがって会計上の売上が計上される時期と一致します。

また、多くの会社は消費税抜きによる経理を行っています。その場合、決算書や試算表に記載される売上高は消費税抜きの金額になります。しかし、実際に入金される金額は消費税込みの金額です。

資金繰り表に記載する**売上高は、消費税込みの金額であることに留意**してください。これは仕入高や経費に関しても同様で、**資金繰り表では税込み金額を用います**。

第4章 月次資金繰り予定表（月繰り表）の教科書

089

## 売上計画から「入金予定表」シートに転記する。

| 年月入力 | 2021/1/1　の形式で入力してください。 | | | | | | 売上入金計算 | | |
|---|---|---|---|---|---|---|---|---|---|
| 2021/01 | 2021/02 | 2021/03 | 2021/04 | 2021/05 | 2021/06 | 2021/07 | 2021/ | 9 | 2021/10 |
| | | | | | | | クリック | | |
| 5,000,000 | 4,000,000 | 5,500,000 | 6,000,000 | 5,000,000 | 5,000,000 | 5,000,000 | 4,000,000 | 5,000,000 | 6,000,000 |
| 3,000,000 | 2,500,000 | 3,000,000 | 4,000,000 | 3,000,000 | 3,000,000 | 3,000,000 | 3,000,000 | 3,000,000 | 3,000,000 |
| 2,000,000 | 1,800,000 | 2,000,000 | 2,500,000 | 2,800,000 | 2,000,000 | 2,000,000 | 2,000,000 | 2,000,000 | 2,000,000 |

　残りの商品の売上計画も入力できたら、「売上仕入入力」シートの上にある「売上入金計算」ボタンをクリックして、「入金予定表」シートに転記します。

## 4　「月繰り表」ソフト・「入金予定表」シート

| | 2020/1/1の形式で入力してください。 | | | | | 空白行非表示 | |
|---|---|---|---|---|---|---|---|
| | ↓日付入力 | | | | | | |
| | 2021/1 | 2021/2 | 2021/3 | 2021/4 | 2021/5 | 2021/6 | 2021/7 |
| 売掛入金　1か月後に入金される | | | | | | | |
| 1 売掛金入金 みづほ銀行　渋谷支店 | 10,500,000 | | | | | | |
| 31 商品A | | 5,000,000 | 4,000,000 | 5,500,000 | 6,000,000 | 5,000,000 | 5,000,000 |
| 32 商品B | | 3,000,000 | 2,500,000 | 3,000,000 | 4,000,000 | 3,000,000 | 3,000,000 |
| 33 商品C | | 1,000,000 | 900,000 | 1,000,000 | 1,250,000 | 1,400,000 | 1,000,000 |
| 売掛入金 | 10,500,000 | 9,000,000 | 7,400,000 | 9,500,000 | 11,250,000 | 9,400,000 | 9,000,000 |
| 受取手形入金　摘要 | | | | | | 3か月後に入金される | |
| 11 商品A | 0 | 0 | 0 | 0 | 0 | 0 | 0 |
| 12 商品B | 0 | 0 | 0 | 0 | 0 | 0 | 0 |
| 13 商品C | | | | 1,000,000 | 900,000 | 1,000,000 | 1,250,000 |
| 受取手形入金 | 0 | 0 | 0 | 1,000,000 | 900,000 | 1,000,000 | 1,250,000 |

　「入金予定表」シートを確認すると、2021年1月から商品A、B、Cの売掛金は1か月後の2月、商品Cの50％分の受取手形については3か月後の4月の入金とそれぞれの列に転記されています。

# 5 「月次資金繰り予定表」シートへの反映

| 資金繰り予定表 | ↓日付入力 | | | | | | | | |
|---|---|---|---|---|---|---|---|---|---|
| 科目 | 2021/1 | 2021/2 | 2021/3 | 2021/4 | 2021/5 | 2021/6 | 2021/7 | 2021/8 | 2021/9 |
| [経常収入]：売上入金計 | 2,700,000 | 0 | 0 | 0 | 0 | 0 | 0 | 0 | 0 |
| [経常収入]：売掛金回収計 | 10,500,000 | 9,000,000 | 7,400,000 | 9,500,000 | 11,250,000 | 9,400,000 | 9,000,000 | 9,000,000 | 8,000,000 |
| [経常収入]：手形回収入金計 | 0 | 0 | 0 | 1,000,000 | 900,000 | 1,000,000 | 1,250,000 | 1,400,000 | 1,000,000 |
| [経常収入]：手形割引入金計 | 0 | 0 | 0 | 0 | 0 | 0 | 0 | 0 | 0 |
| [経常収入]：雑収入計 | 2,000,000 | 0 | 0 | 0 | 0 | 0 | 0 | 0 | 0 |
| [経常収入]：その他経常収入計 | 0 | 0 | 0 | 0 | 0 | 0 | 0 | 0 | 0 |
| 経常収入合計 | 15,200,000 | 9,000,000 | 7,400,000 | 10,500,000 | 12,150,000 | 10,400,000 | 10,250,000 | 10,400,000 | 9,000,000 |

　「入金予定表」シートの数値は、「月次資金繰り予定表」シートにも
自動的に反映されます。

# 支払いと在庫のサイトから
# 仕入支払いを予測する

## 1 仕入計画において原価率で仕入額を概算する場合は「売上仕入入力」シートを利用する

| 仕入計画 | | | | | | | | |
|---|---|---|---|---|---|---|---|---|
| 仕入 | 商品区分 | 2023/08 | 2023/09 | 2023/10 | 2023/11 | 2023/12 | 在庫期間 | 原価率 |
| 1 | 商品A | | 0 | 0 | | 0 | 1 | 65.0% |
| 2 | 商品B | | 0 | 0 | | 0 | 2 | 50.0% |
| 3 | 商品C | | 0 | 0 | | 0 | 1 | 60.0% |
| 4 | | | 0 | 0 | 0 | 0 | | |
| 5 | | | 0 | 0 | 0 | 0 | | |

原価率と
在庫期間を入力

「売上仕入入力」シートの仕入計画を見てください。

商品Aから商品Cまで、「売上仕入入力」シートの売上計画から商品名が転記されています。これは、仕入れた商品AからCが販売されるケースを想定しており、仕入計画の画面右端にある「原価率」を入力することで仕入金額の概算を求めることができます。

また、在庫期間も入力することができます。商品Aの在庫期間が1か月ということは、商品Aを販売した月より1か月前に仕入れていることを表しています。これにより仕入の支払い月をより正確に推定することができます。

在庫期間についての詳細は96ページで解説します。

## 2　各月の仕入高が概算が表示される

| 仕入計画 | | サイト入力 | | 割合入力 | | 月ごとに概算 | | | | | |
|---|---|---|---|---|---|---|---|---|---|---|---|
| | | 買掛金 | 支払手形 | 買掛金割合 | 支払手形割合 | 2021/01 | 2021/02 | 2021/03 | 2021/04 | 2021/0 | 2021/06 |
| 仕入 | 商品区分 | 支払サイト(月) | 支払サイト(月) | % | % | | | | | | |
| 1 | 商品A | 1 | | 100% | | 3,250,000 | 2,600,000 | 3,575,000 | 3,900,000 | 3,250,000 | 3,250,000 |
| 2 | 商品B | 1 | | 100% | | 1,500,000 | 1,250,000 | 1,500,000 | 2,000,000 | 1,500,000 | 1,500,000 |
| 3 | 商品C | 1 | 3 | 50% | 50% | 1,200,000 | 1,080,000 | 1,200,000 | 1,500,000 | 1,680,000 | 1,200,000 |

　売上高に原価率を乗ずることによって、商品ごとに各月の仕入高が概算されています。

## 3　仕入計画で直接仕入額を入力する場合

| 仕入計画 | | サイト入力 | | 割合入力 | | 2021/01 | 2021/02 | 2021/03 | 2021/04 |
|---|---|---|---|---|---|---|---|---|---|
| | | 買掛金 | 支払手形 | 買掛金割合 | 支払手形割合 | | | | |
| 仕入 | 商品区分 | 支払サイト(月) | 支払サイト(月) | % | % | | | | |
| 1 | 商品A | 1 | | 100% | | 3,250,000 | 2,600,000 | 3,575,000 | 3,900,000 |
| 2 | 商品B | 1 | | 100% | | 1,500,000 | 1,250,000 | 1,500,000 | 2,000,000 |
| 3 | 商品C | 1 | 3 | 50% | 50% | 1,200,000 | 1,080,000 | 1,200,000 | 1,500,000 |
| 4 | | | | | | 0 | 0 | 0 | 0 |
| 5 | | | | | | 0 | 0 | 0 | 0 |
| 6 | | | | | | 0 | 0 | 0 | 0 |
| 7 | | | | | | 0 | 0 | 0 | 0 |
| 8 | | | | | | 0 | 0 | 0 | 0 |
| 9 | | | | | | 0 | 0 | 0 | 0 |
| 10 | | | | | | 0 | 0 | 0 | 0 |
| 11 | 原材料A | 1 | | 100% | | 1,500,000 | 1,500,000 | 1,500,000 | 1,500,000 |
| 12 | 原材料B | 1 | | 100% | | 500,000 | 500,000 | 500,000 | 500,000 |

仕入額の直接入力は、
11行目以降で行う

　直接仕入額を入力したい場合は、色が入っている行で行ってください。

　「売上仕入入力」シートの仕入計画の1行目から10行目は売上商品と連動して仕入金額を計算するための数式が入っています。これは10種類までの商品に対して原価率を乗ずることで仕入額が自動で計算される仕組みのため、直接入力をできなくしています。

　一方で11行目から20行目までの商品区分に色がはいっている行はフリーエリアとして、直接仕入高を入力することができるようになって

いるので、販売商品と直接関係のないものをここに入力することができます。例えば、原材料などそのままの形では商品にならないものが該当します。

また、自由入力エリアの仕入高には在庫期間の計算を行いません。実際に仕入が発生した月に入力します。

## 4 仕入計画で買掛金と支払手形の割合（％）と支払サイトを設定する

| 仕入計画 | | | | | | | | | |
|---|---|---|---|---|---|---|---|---|---|
| | | サイト入力 | | 割合入力 | | | | | |
| 仕入 | 商品区分 | 買掛金 | 支払手形 | 買掛金割合 | 支払手形割合 | 2021/01 | 2021/02 | 2021/03 | 2021/04 |
| | | 支払サイト(月) | 支払サイト(月) | ％ | ％ | | | | |
| 1 | 商品A | 1 | | 100% | | 3,250,000 | 2,600,000 | 3,575,000 | 3,900,000 |
| 2 | 商品B | 1 | | 100% | | 1,500,000 | 1,250,000 | 1,500,000 | 2,000,000 |
| 3 | 商品C | 1 | 3 | 50% | 50% | 1,200,000 | 1,080,000 | 1,200,000 | 1,500,000 |
| 4 | | | | | | 0 | 0 | 0 | 0 |
| 5 | | | | | | 0 | 0 | 0 | 0 |
| 6 | | | | | | | | | |
| 7 | | | | | | | | | |
| 8 | | | | | | 0 | 0 | 0 | 0 |
| 9 | | | | | | 0 | 0 | 0 | 0 |
| 10 | | | | | | 0 | 0 | 0 | 0 |
| 11 | 原材料A | 1 | | 100% | | 1,500,000 | 1,500,000 | 1,500,000 | 1,500,000 |
| 12 | 原材料B | 1 | | 100% | | 500,000 | 500,000 | 500,000 | 500,000 |

サイト欄に月数、
％欄に割合を入力

「売上仕入入力」シートに仕入計画内にある商品区分から買掛金と支払手形の割合（％）、支払いまでのサイトを示す期間（月）を入力していきます。

例えば商品Aの2021年1月分の仕入は3,250,000円、買掛金の割合が100％で1か月後の支払いです。一方の商品Cは、買掛金の割合が50％で支払いは1か月後、支払手形の割合が50％で3ヶ月後に支払うということになります。

## 5 仕入計画から「支払予定表」シートに転記する

```
クリック → 仕入支払い計算
```

| 2021/04 | 2021/05 | 2021/06 | 2021/07 | 2021/08 | 2021/09 | 2021/10 |
|---|---|---|---|---|---|---|
| 3,900,000 | 3,250,000 | 3,250,000 | 3,250,000 | 2,600,000 | 3,250,000 | 3,900,000 |

　仕入計画が入力できたら、「売上仕入入力」シートの画面上にある「仕入支払い計算」ボタンをクリックして、「支払予定表」シートに転記します。

## 6 「支払予定表」シートへ転記する

空白行非表示

| 支払予定表 | | | 2021/1 | 2021/2 | 2021/3 | 2021/4 | 2021/5 | 2021/6 |
|---|---|---|---|---|---|---|---|---|
| 買掛支払い | 摘要 | | | | | | | |
| | 1 | 買掛金支払い みつほ銀行　渋谷支店 | 7,700,000 | | | | | |
| | 2 | 買掛金支払い 東京中央信用金庫 | 50,000 | | | | | |
| | 31 | 商品A | 3,250,000 | 2,600,000 | 3,575,000 | 3,900,000 | 3,250,000 | 3,250,000 |
| | 32 | 商品B | 1,250,000 | 1,500,000 | 2,000,000 | 1,500,000 | 1,500,000 | 1,500,000 |
| | 33 | 商品C | 600,000 | 540,000 | 600,000 | 750,000 | 840,000 | 600,000 |
| | 41 | 原材料A | | 1,500,000 | 1,500,000 | 1,500,000 | 1,500,000 | 1,500,000 |
| | 42 | 原材料B | | 500,000 | 500,000 | 500,000 | 500,000 | 500,000 |
| | | 買掛支払い | 12,850,000 | 6,640,000 | 8,175,000 | 8,150,000 | 7,590,000 | 7,350,000 |
| 手形支払い | 摘要 | | | | | | | |
| | 31 | 商品A | 0 | 0 | 0 | 0 | 0 | 0 |
| | 32 | 商品B | 0 | 0 | 0 | 0 | 0 | 0 |
| | 33 | 商品C | 0 | 0 | 600,000 | 540,000 | 600,000 | 750,000 |
| | 41 | 原材料A | 0 | 0 | 0 | 0 | 0 | 0 |
| | 42 | 原材料B | 0 | 0 | 0 | 0 | 0 | 0 |
| | | 手形支払い | 0 | 0 | 600,000 | 540,000 | 600,000 | 750,000 |

「売上仕入入力」シート
から転記されている

　「売上仕入入力」シートの仕入計画から、支払サイトと在庫期間に応じて「支払予定表」シートの買掛支払いと手形支払いの欄に転記されています。

## 在庫期間と運転資金の考え方

　一般的に中小企業の会計は法人税法の定めにしたがっています。

　法人税法では、お金の収受とは関係なく、売上の計上時期は、商品を引き渡した日になり、仕入の計上時期は受入日、出荷日、検収日、据付完了日など、それぞれの商品の実情によって選択すると定められており、中小企業の損益計算書はこれらの基準によって作られています。

　このことから売上、仕入の時期と、入金や支払の時期とはタイムラグが生じますが、このタイムラグを売上の計上日から入金日までを入金（回収）サイト、仕入の計上日から支払日までを支払サイトと呼びます。

　また、資金繰りから見た、仕入についての注意点は在庫がある場合です。受注販売のように仕入れてすぐに販売できればよいのですが、小売店のように仕入れてからしばらくは店頭に置かれているケースや、製造業のように製作期間が長期にわたり、売上の入金がある前に仕入の支払いを行わなければならないケースがあります。

　この前払いに相当するお金は運転資金と呼ばれています。会計上の数字をもとに、資金繰り予定表を作るときには、この運転資金に注意を払う必要があります。

## 支払サイト・在庫期間・入金サイトの関係図

94ページの手順④にある商品Aの「売上仕入入力」シートの仕入計画では、2021年1月に3,250,000円の仕入で、買掛金の支払サイトは1か月と設定されていますが、手順⑥の「支払予定表」シートの買掛支払いには、支払月が2021年1月と仕入月と同じになっています。何故でしょうか？

これは、「売上仕入入力」シートの仕入計画では、在庫期間が1か月と入力されているためです。2021年1月に販売された商品Aの在庫期間が1か月ということは、実際の仕入は2020年12月に行われていることになります。したがって2020年12月から1か月後の2021年1月に支払われることを表しています。

これにより売掛金入金までの1か月間の3,250,000円の資金が先行している状態になり、運転資金が発生します。

# 4-6

## 納税予定を試算し「支払予定表」シートに転記する

### 1 「月繰り表」ソフトの「納税予定表」シートで納税予定表を活用する

| | 当期納税予定表 | | | | 来期納税予測表 | | | 中小企業の法人税合計税率 | |
|---|---|---|---|---|---|---|---|---|---|
| | 法人税等 | 消費税 | 合計 | | 法人税等 | 消費税 | 合計 | 法人所得額 | 合計税率 |
| | | | | 年間税額 | 2,728,800 | 2,700,000 | 5,428,800 | 400万円以下 | 22.390% |
| | | | | 既納付額 | 1,200,000 | 1,250,000 | 2,450,000 | 800万円以下 | 25.270% |
| 当期納税予定表 | | | | 来期納税予定 | | | 0 | 800万円超 | 37.620% |
| 2020/01 | | | 0 | 2021/01 | 0 | 0 | 0 | | |
| 2020/02 | 980,000 | 1,200,000 | 2,180,000 | 2021/02 | 1,528,800 | 1,450,000 | 2,978,800 | 仮受消費税 | 12,500,000 |
| 2020/03 | | | 0 | 2021/03 | | | 0 | 仮払消費税 | 9,800,000 |
| 2020/04 | | | 0 | 2021/04 | | | 0 | 未払消費税 | 2,700,000 |
| 2020/05 | | | 0 | 2021/05 | | 0 | 0 | 調整税額 | |
| 2020/06 | | | 0 | 2021/06 | | | 0 | 年税額 | 2,700,000 |
| 2020/07 | | | 0 | 2021/07 | | | 0 | | |
| 2020/08 | 1,200,000 | 1,250,000 | 2,450,000 | 2021/08 | 1,364,400 | 1,350,000 | 2,714,400 | ※法人税がVALUEになる | |
| 2020/09 | | | 0 | 2021/09 | | | 0 | | |
| 2020/10 | | | 0 | 2021/10 | | | 0 | | |

| 計 | 入出金予定表 | 月次資金繰り予定表 | 売上仕入入力 | 入金予定 | 支払予定 | 納税予定表 |
|---|---|---|---|---|---|---|

　「納税予定表」シートでは、法人税と消費税の試算と納税予定表の作成をすることができます。

## 2　法人税を計算する

納税予定表（法人）

納税予定を支払予定表に—

| 税金計算 | |
|---|---|
| 法人税 | 円単位 |
| 税引き前利益 | 10,000,000 |
| 繰越欠損金 | |
| 税務調整 | |
| 加算項目 | |
| 減算項目 | |
| 課税所得金額 | 10,000,000 |
| 税額控除額 | |
| 均等割 | 70,000 |
| 法人税率 | |
| 800万円以下 | 15.0% |
| 800万円超 | 23.9% |

決算年月　2020年　12月

当期納税予定表

| 当期納税予定表 | 法人税等 | 消費税 | 合計 |
|---|---|---|---|
| 2020/01 | | | 0 |
| 2020/02 | 980,000 | 1,200,000 | 2,180,000 |
| 2020/03 | | | 0 |
| 2020/04 | | | 0 |
| 2020/05 | | | 0 |
| 2020/06 | | | 0 |
| 2020/07 | | | 0 |
| 2020/08 | 1,200,000 | 1,250,000 | 2,450,000 |
| 2020/09 | | | 0 |
| 2020/10 | | | 0 |
| 2020/11 | | | 0 |
| 2020/12 | | | 0 |
| 計 | 2,180,000 | 2,450,000 | 4,630,000 |

↑予定納税額を入力してください。

来期納税予測表

| | 法人税等 | 消費税 | 合計 |
|---|---|---|---|
| 年間税額 | 2,728,800 | 2,700,000 | 5,428,800 |
| 既納付額 | 1,200,000 | 1,250,000 | 2,450,000 |
| 来期納税予定 | | | 0 |
| 2021/01 | | 0 | 0 |
| 2021/02 | 1,528,800 | 1,450,000 | 2,978,800 |
| 2021/03 | | | 0 |
| 2021/04 | | | 0 |
| 2021/05 | | 0 | 0 |
| 2021/06 | | | 0 |
| 2021/07 | | | 0 |
| 2021/08 | 1,364,400 | 1,350,000 | 2,714,400 |
| 2021/09 | | | 0 |
| 2021/10 | | | 0 |

10,000,000

**予想額を入力**

| 2020/02 | 980,000 |
|---|---|
| 2020/03 | |
| 2020/04 | |
| 2020/05 | |
| 2020/06 | |
| 2020/07 | |
| 2020/08 | 1,200,000 |

**当期の納税額は直接入力**

| | 法人税等 |
|---|---|
| 年間税額 | 2,728,800 |
| 既納付額 | 1,200,000 |
| 来期納税予定 | |
| 2021/01 | |
| 2021/02 | 1,528,800 |
| 2021/03 | |
| 2021/04 | |
| 2021/05 | |
| 2021/06 | |
| 2021/07 | |
| 2021/08 | 1,364,400 |

**「税引き前利益」に対して反映される**

　納税予定表（法人）で、当期（設例では2020年12月が期末）の「税引き前利益」の予想額として10,000,000円を入力すると、来期（2021年1月から12月）の法人税の納税予想額として来期納税予測表の「法人税等欄」に反映されます。

　なお、当期（2020年1月から12月）の納税額は既に確定していますので、顧問税理士に尋ねるなどして入力してください。上記の画像では、「当期納税予定表」の2020年2月の前期の確定申告で納税した法人税980,000円と、2020年8月に予定申告で納税する1,200,000円を直接入力しています。

| 当期納税予定表 | | | | 来期納税予測表 | | | 中小企業の法人税合計税率 | |
|---|---|---|---|---|---|---|---|---|
| 法人税等 | 消費税 | 合計 | | 法人税等 | 消費税 | 合計 | 法人所得額 | 合計税率 |
| | | | 年間税額 | 2,728,800 | 2,700,000 | 5,428,800 | 400万円以下 | 22.390% |
| | | | 既納付額 | 1,200,000 | 1,250,000 | 2,450,000 | 800万円以下 | 25.270% |
| | | | 来期納税予定 | | | 0 | ８００万円超 | 37.620% |
| | | 0 | 2021/01 | | 0 | 0 | | |
| 980,000 | 1,200,000 | 2,180,000 | 2021/02 | 1,528,800 | 1,450,000 | 2,978,800 | 仮受消費税 | 12,500,000 |
| | | 0 | 2021/03 | 年税額の金額が転記される | | 0 | 仮払消費税 | 9,800,000 |
| | | 0 | 2021/04 | | | 0 | 未払消費税 | 2,700,000 |
| | | 0 | 2021/05 | | | 0 | 調整税額 | |
| | | 0 | 2021/06 | | | 0 | 年税額 | 2,700,000 |
| | | | 2021/07 | | | 0 | | |
| 1,200,000 | 1,250,000 | 2,450,000 | 2021/08 | 1,364,400 | 1,350,000 | 2,714,400 | ※法人税がVALUEになる | |
| | | 0 | 2021/09 | | | 0 | 経過月数分の12を乗じて算出する | |
| 当期の場合は直接入力 | | 0 | 2021/10 | | | 0 | | |
| | | 0 | 2021/11 | | 0 | 0 | | |
| | | 0 | 2021/12 | | | 0 | | |
| 2,180,000 | 2,450,000 | 4,630,000 | 計 | 2,893,200 | 2,800,000 | 5,693,200 | | |

　納税予定表（法人）での消費税の計算は、税抜きで行っている場合、試算表の仮受消費税と仮払消費税をもとに、予測して入力することで納税予想額を求めることができます。

　例えば、年度内の9か月経過時点の仮受消費税と仮払消費税に9分の12を乗ずることで1年間の消費税を概算することができます。

　上記の画像では、9か月経過時点の試算表に集計されている仮受消費税が9,375,000円だとすると、これに年間にするには9分の12を乗ずると12,500,000円となります。また、9月経過時点の試算表に集計されている仮払消費税が7,350,000円だとすると、これに9分の12を乗じて9,800,000円を求めてそれぞれの金額を入力します。その差額が消費税の年間税額として表示されます。

　なお、2020年分の金額が確定している消費税額は、法人税と同様に直接入力してください。

毎年、消費税額があまり変わらなければ、前年の消費税額を仮受消費税の欄に入力してザックリとした予測をすることも可能です！

## 4　個人事業の税金計算

| 納税予定表（個人） | | |
|---|---|---|
| 年度 | **2020** | 年 |
| **税金計算** | | |
| 給与収入金額 | 9,600,000 | |
| 給与所得金額 | 7,650,000 | 青色申告特別 |
| 控除前事業所得金額 | 4,000,000 | 650,000 |
| 他の所得金額 | | |
| | | |
| 他の所得控除額 | 1,200,000 | |
| 基礎控除 | 480,000 | |
| 課税所得金額 | 9,320,000 | |
| **所得税** | **1,539,600** | |
| **税額控除** | | |
| **住民税** | **932,000** | |
| **所得税住民税** | **2,471,600** | 事業を行う期間 |
| **事業税率** | **5%** | 12月 |
| **事業税** | **87,500** | |
| | 0 | |
| **税金合計** | **2,559,100** | |

| 2020年 | 当期納税予定表 | | |
|---|---|---|---|
| | 所得税 | 住民税 | 事業税 |
| **年税額** | | | |
| **既納付額** | | | |
| **源泉所得税** | | | |
| **当期納税予定表** | | | |
| 1月 | | | |
| 2月 | | | |
| 3月 | | | |
| 4月 | | | |
| 5月 | | | |
| 6月 | | 250,000 | |
| 7月 | 500,000 | | |
| 8月 | | 250,000 | 60,000 |
| 9月 | | | |
| 10月 | | 250,000 | |
| 11月 | 500,000 | | 600,000 |
| 12月 | | | |
| 計 | 1,000,000 | 750,000 | 660,000 |

　個人事業の場合、「納税予定表」シートの納税予定表（個人）で、個人の所得税、住民税、事業税、消費税を計算することができます。

## 「納税予定表」シートのデータを「支払予定表」シートに転記

納税予定を支払予定表に一括転記

クリック

| | 来期納税予測表 | | | 中小企業の法人税合計税 | |
|---|---|---|---|---|---|
| | 法人税等 | 消費税 | 合計 | 法人所得額 | 合計税率 |
| 年間税額 | 2,728,800 | 2,700,000 | 5,428,800 | 400万円以下 | 22.390 |
| 既納付額 | 1,200,000 | 1,250,000 | 2,450,000 | 800万円以下 | 25.270 |
| 来期納税予定 | | | 0 | 800万円超 | 37.620 |

　「納税予定表」シートに入力したデータを「支払い予定表」シートに転記します。「納税予定表」シートの上部にある「納税予定を支払予定表に一括転記」ボタンをクリックしてください。

## 「支払い予定表」シートに転記される

| 支払予定表 | | 2021/1 | 2021/2 | 2021/3 | 2021/4 | 2021/5 | 2021/6 | 2021/7 | 2021/8 |
|---|---|---|---|---|---|---|---|---|---|
| 法人税等支払い | 摘要 | | | | | | | | |
| 7 | 法人税等 | 0 | 1,528,800 | 0 | 0 | 0 | 0 | 0 | 1,364,400 |
| 8 | 所得税 | 0 | 0 | 0 | 539,600 | 0 | 0 | 0 | 0 |
| 9 | 住民税 | 0 | 0 | 0 | 0 | 0 | 233,000 | 0 | 233,000 |
| 10 | 個人事業税 | 0 | 0 | 0 | 0 | 0 | 0 | 0 | 43,700 |
| | 法人税等支払い | 0 | 1,528,800 | 0 | 539,600 | 0 | 233,000 | 0 | 1,641,100 |
| 消費税等支払い | 摘要 | | | | | | | | |
| 1 | 消費税納税 みづほ銀行　渋谷支店 | 550,000 | | | | | | | |
| 4 | 消費税（法人） | 0 | 1,450,000 | 0 | 0 | 0 | 0 | 0 | 1,350,000 |
| 5 | 消費税（個人） | 0 | 0 | 0 | 250,000 | 0 | 0 | 0 | 0 |
| | 消費税等支払い | 550,000 | 1,450,000 | 0 | 250,000 | 0 | 0 | 0 | 1,350,000 |

　「納税予定表」シートの法人と個人の納税予定が「支払予定表」シートに転記されました。

## 法人と個人事業の一体化で資金の流れを把握できる

　法律に基づく制度会計ではあり得ないことですが、資金繰り表は、法人と個人事業を一体化して収支を計算することもできます。

　以前、金融機関に法人と個人事業を一体化した資金繰り表を提出し、「こういう情報が欲しかったのですよ」と非常に喜ばれたことがありました。

　法人と個人事業では会計期間も異なり、相互間のお金の出入りもあるので、両方の決算書を並べたところで財務状況の実態の把握は困難です。しかしながら、資金繰り表で両者を一体化し、相互間の資金移動を除くと企業グループとしての資金の流れが一目瞭然となり、融資の判断も行いやすくなります。

　これは親会社と子会社の資金繰り表を一体化することでも同様の効果が得られます。**法律の制約を受けないことが資金繰り表を作成することの大きなメリットです。**

# 月次資金繰り予定表の完成

## 1 その他の項目を予測し、「月繰り表」ソフトの 「入金予定表」シートと「支払予定表」シートに入力する

| 支払予定表 | | 2021/1 | 2021/2 | 2021/3 | 2021/4 | 2021/5 | 2021/6 | 2021/7 | 2021/8 |
|---|---|---|---|---|---|---|---|---|---|
| | 買掛支払い | 12,850,000 | 6,640,000 | 8,175,000 | 8,150,000 | 7,590,000 | 7,350,000 | 7,350,000 | 6,700,000 |
| 手形支払い | 摘要 | | | | | | | | |
| 31 | 商品A | | 0 | 0 | 0 | 0 | 0 | 0 | 0 |
| 32 | 商品B | | 0 | 0 | 0 | 0 | 0 | 0 | 0 |
| 33 | 商品C | | | 600,000 | 540,000 | 600,000 | 750,000 | 840,000 | 600,000 |
| 41 | 原材料A | | | | | | | | |
| 42 | 原材料B | | | | | | | | |
| | 手形支払い | | 0 | 600,000 | 540,000 | 600,000 | 750,000 | 840,000 | 600,000 |
| 現金仕入れ | 摘要 | | | | | | | | |
| | 現金仕入れ | | 0 | 0 | 0 | 0 | 0 | 0 | 0 |
| 未払金支払い | 摘要 | | | | | | | | |
| 1 | クレジットカード 東京中央信用金庫 | 250,000 | 250,000 | 250,000 | 250,000 | 250,000 | 250,000 | 250,000 | 250,000 |
| | 未払金支払い | 250,000 | 250,000 | 250,000 | 250,000 | 250,000 | 250,000 | 250,000 | 250,000 |
| 人件費支払い | 摘要 | | | | | | | | |
| 1 | 給料支払い みつほ銀行 渋谷支店 | 2,500,000 | 2,500,000 | 2,500,000 | 2,500,000 | 2,500,000 | 2,500,000 | 2,500,000 | 2,500,000 |
| 2 | 役員報酬 みつほ銀行 渋谷支店 | 800,000 | 800,000 | 800,000 | 800,000 | 800,000 | 800,000 | 800,000 | 800,000 |
| | 人件費支払い | 3,300,000 | 3,300,000 | 3,300,000 | 3,300,000 | 3,300,000 | 3,300,000 | 3,300,000 | 3,300,000 |
| 諸経費支払い | 摘要 | | | | | | | | |
| 1 | 電気代 みつほ銀行 渋谷支店 | 35,000 | 35,000 | 35,000 | 35,000 | 35,000 | 35,000 | 35,000 | 35,000 |
| 2 | 電話代 みつほ銀行 渋谷支店 | 15,000 | 15,000 | 15,000 | 15,000 | 15,000 | 15,000 | 15,000 | 15,000 |
| 3 | 複合機リース料 みつほ銀行 渋谷支店 | 36,000 | 36,000 | 36,000 | 36,000 | 36,000 | 36,000 | 36,000 | 36,000 |
| 4 | 家賃 東京中央信用金庫 | 350,000 | 350,000 | 350,000 | 350,000 | 350,000 | 350,000 | 350,000 | 350,000 |
| 5 | 自動車リース料 東京中央信用金庫 | 30,000 | 30,000 | 30,000 | 30,000 | 30,000 | 30,000 | 30,000 | 30,000 |
| 6 | 保険料 東京中央信用金庫 | 30,000 | 30,000 | 30,000 | 30,000 | 30,000 | 30,000 | 30,000 | 30,000 |
| | 諸経費支払い | 496,000 | 496,000 | 496,000 | 496,000 | 496,000 | 496,000 | 496,000 | 496,000 |
| その他経常支払い | 摘要 | | | | | | | | |
| | その他経常支払い | | 0 | 0 | 0 | 0 | 0 | 0 | 0 |
| 短期借入金返済 | 摘要 | | | | | | | | |
| | 短期借入金返済 | | 0 | 0 | 0 | 0 | 0 | 0 | 0 |
| 長期借入金返済 | 摘要 | | | | | | | | |
| 1 | 返済 東京中央信用金庫 | 250,000 | 250,000 | 250,000 | 250,000 | 250,000 | 250,000 | 250,000 | 250,000 |
| | 長期借入金返済 | 250,000 | 250,000 | 250,000 | 250,000 | 250,000 | 250,000 | 250,000 | |

2021年2月以降を実態に合わせて調整していく

※画像は「支払予定表」シート

売上入金、売掛金入金、手形回収入金、仕入支払い、買掛金支払い、手形決済支払い、法人税等支払い、消費税等支払い以外の予測については、85ページの予測方法を参考に入力していきます。

　左記の画像は、2021年1月の日繰り表から、「支払予定表」シートに転記された実績をコピーして2021年2月以降の予定にしていますが、実際には「入金予定表」シートと「支払予定表」シートで実態に合うものに調整してください。

　また入金について、配当金や、利息など、毎年同じ月に入金があるような項目など予測可能なものをその他経常収入にし、繰り返し発生する売上以外の収入（例えば、自動販売機からの収入など）は、雑収入に入力してください。

> 同じ繰り返しのある収入でもその他経常収入と雑収入はその内容から判断して分けてください！

## 2　月繰り表の完成

「月次資金繰り予定表」シートを確認してください。これで月繰り表が完成しました。画面上部にあるチェックボタンにチェックを入れると円単位と千円単位の切り替えが可能です。

　また、画面右上のボタンからA4もしくはA3サイズの紙にプリントアウトすることで、金融機関に提出することもできます。

入力したデータの保存は忘れずに!
「月繰り表」の「HOME」シートの画面右上に「名前をつけて保存」ボタンがあります。そこからデータを入れた月繰り表を保存してください!

| 株式会社こがね物産グループ | |
|---|---|
| 資金繰り予定表 | ↓日付 |
| 科目 | 202 |
| [経常収入]:売上入金計 | 2,70 |
| [経常収入]:売掛金回収計 | 10,9 |
| [経常収入]:手形回収入金計 | |
| [経常収入]:手形割引入金計 | |
| [経常収入]:雑収入計 | 2,00 |
| [経常収入]:その他経常収入計 | |
| 経常収入合計 | 15,2 |
| [経常支出]:仕入支払い計 | |
| [経常支出]:買掛金支払計 | 12,8 |
| [経常支出]:手形決済支払計 | |
| [経常支出]:未払金支払い計 | 26 |
| [経常支出]:人件費支出計 | 3,30 |
| [経常支出]:諸経費支出計 | 49 |
| [経常支出]:利息等支払い計 | |
| [経常支出]:その他経常支払い計 | |
| 経常支出合計 | 16,8 |
| 経常収支過不足 | -1,6 |
| [財務等支出]:短期借入金返済計 | |
| [財務等支出]:長期借入金返済計 | 26 |
| [財務等支出]:役員・関係会社借入返済計 | |
| [財務等支出]:長期未払金支払い計 | |
| [財務等支出]:固定資産購入計 | |
| [財務等支出]:定期性預金預入計 | |
| [財務等支出]:投資・貸付金等計 | |
| [財務等支出]:法人税等支払い計 | |
| [財務等支出]:消費税支払い計 | 550 |
| [財務等支出]:その他財務等支出計 | |
| 財務等支出合計 | 800 |
| [財務等収入]:短期借入金入金計 | |
| [財務等収入]:長期借入金入金計 | |
| [財務等収入]:役員・関係会社借入金計 | |
| [財務等収入]:長期未払金入金計 | |
| [財務等収入]:固定資産売却計 | |
| [財務等収入]:定期性預金払い戻し計 | |
| [財務等収入]:貸付金返済入金計 | |
| [財務等収入]:その他財務等入金計 | |
| 財務等収入合計 | |
| 財務等収支 | -800 |
| 当月総収入金額 | 15,2 |
| 当月総支出額 | 17,65 |
| 総合収支過不足 | -2,45 |
| 当月現預金残高 | 27,5 |
| 期首現預金残高 | 30,00 |

● 円単位
○ 千円単位

1円単位と千円単位に切り替えらえる

A3サイズで印刷できる

A3印刷

A4印

| | 2021/2 | 2021/3 | 2021/4 | 2021/5 | 2021/6 | 2021/7 | 2021/8 | 2021/9 | 2021/10 | 2021/11 | 2021/12 | 計 |
|---|---|---|---|---|---|---|---|---|---|---|---|---|
| | 500,000 | 500,000 | 500,000 | 500,000 | 500,000 | 500,000 | 500,000 | 500,000 | 500,000 | 500,000 | 500,000 | 8,200,000 |
| | 7,400,000 | 9,500,000 | 11,250,000 | 9,400,000 | 9,000,000 | 9,000,000 | 8,000,000 | 9,000,000 | 10,000,000 | 9,500,000 | 111,550,000 | |
| | 0 | 0 | 1,000,000 | 900,000 | 1,000,000 | 1,250,000 | 1,400,000 | 1,000,000 | 1,000,000 | 1,000,000 | 1,000,000 | 9,550,000 |
| | 0 | 0 | 0 | 0 | 0 | 0 | 0 | 0 | 0 | 0 | 0 | 0 |
| | 0 | 0 | 0 | 0 | 0 | 0 | 0 | 0 | 0 | 0 | 0 | 2,000,000 |
| | 0 | 0 | 0 | 0 | 0 | 0 | 0 | 0 | 0 | 0 | 0 | 0 |
| | 7,900,000 | 11,000,000 | 12,650,000 | 10,900,000 | 10,750,000 | 10,900,000 | 9,500,000 | 10,500,000 | 11,500,000 | 11,000,000 | 131,300,000 | |
| | 0 | 0 | 0 | 0 | 0 | 0 | 0 | 0 | 0 | 0 | 0 | |
| | 8,175,000 | 8,150,000 | 7,590,000 | 7,350,000 | 7,350,000 | 6,700,000 | 7,350,000 | 8,000,000 | 7,675,000 | 7,150,000 | 94,980,000 | |
| | 0 | 600,000 | 540,000 | 600,000 | 750,000 | 840,000 | 600,000 | 600,000 | 600,000 | 600,000 | 600,000 | 6,330,000 |
| | 250,000 | 250,000 | 250,000 | 250,000 | 250,000 | 250,000 | 250,000 | 250,000 | 250,000 | 250,000 | 3,000,000 | |
| | 3,300,000 | 3,300,000 | 3,300,000 | 3,300,000 | 3,300,000 | 3,300,000 | 3,300,000 | 3,300,000 | 3,300,000 | 3,300,000 | 39,600,000 | |
| | 496,000 | 496,000 | 496,000 | 496,000 | 496,000 | 496,000 | 496,000 | 496,000 | 496,000 | 496,000 | 5,952,000 | |
| | 0 | 0 | 0 | 0 | 0 | 0 | 0 | 0 | 0 | 0 | 0 | |
| | 0 | 0 | 0 | 0 | 0 | 0 | 0 | 0 | 0 | 0 | 0 | |
| | 12,821,000 | 12,736,000 | 12,236,000 | 12,146,000 | 12,236,000 | 11,346,000 | 11,996,000 | 12,646,000 | 12,321,000 | 11,796,000 | 149,862,000 | |
| | -4,921,000 | -1,736,000 | 414,000 | -1,246,000 | -1,486,000 | -446,000 | -2,496,000 | -2,146,000 | -821,000 | -796,000 | -18,562,000 | |
| | 0 | 0 | 0 | 0 | 0 | 0 | 0 | 0 | 0 | 0 | 0 | |
| | 250,000 | 250,000 | 250,000 | 250,000 | 250,000 | 250,000 | 250,000 | 250,000 | 250,000 | 250,000 | 3,000,000 | |
| | 0 | 0 | 0 | 0 | 0 | 0 | 0 | 0 | 0 | 0 | 0 | |
| | 0 | 0 | 0 | 0 | 0 | 0 | 0 | 0 | 0 | 0 | 0 | |
| | 0 | 0 | 0 | 0 | 0 | 0 | 0 | 0 | 0 | 0 | 0 | |
| | 0 | 0 | 0 | 0 | 0 | 0 | 0 | 0 | 0 | 0 | 0 | |
| | 0 | 539,600 | 0 | 233,000 | 0 | 1,641,100 | 0 | 233,000 | 43,700 | 0 | 4,219,200 | |
| | 0 | 250,000 | 0 | 0 | 0 | 1,350,000 | 0 | 0 | 0 | 0 | 3,600,000 | |
| | 250,000 | 1,039,600 | 250,000 | 483,000 | 250,000 | 3,241,100 | 250,000 | 483,000 | 293,700 | 250,000 | 10,819,200 | |
| | 0 | 0 | 0 | 0 | 0 | 0 | 0 | 0 | 0 | 0 | 0 | |
| | 0 | 0 | 0 | 0 | 0 | 0 | 0 | 0 | 0 | 0 | 0 | |
| | 0 | 0 | 0 | 0 | 0 | 0 | 0 | 0 | 0 | 0 | 0 | |
| | 0 | 0 | 0 | 0 | 0 | 0 | 0 | 0 | 0 | 0 | 0 | |
| | 0 | 0 | 0 | 0 | 0 | 0 | 0 | 0 | 0 | 0 | 0 | |
| | 0 | 0 | 0 | 0 | 0 | 0 | 0 | 0 | 0 | 0 | 0 | |
| | 0 | 0 | 0 | 0 | 0 | 0 | 0 | 0 | 0 | 0 | 0 | |
| | -250,000 | 1,039,600 | -250,000 | -483,000 | -250,000 | -3,241,100 | -250,000 | -483,000 | -293,700 | -250,000 | -10,819,200 | |
| | 7,900,000 | 11,000,000 | 12,650,000 | 10,900,000 | 10,750,000 | 10,900,000 | 9,500,000 | 10,500,000 | 11,500,000 | 11,000,000 | 131,300,000 | |
| | 13,071,000 | 13,775,600 | 12,486,000 | 12,629,000 | 12,486,000 | 14,587,100 | 12,246,000 | 13,129,000 | 12,614,700 | 12,046,000 | 160,681,200 | |
| | -5,171,000 | -2,775,600 | 164,000 | -1,729,000 | -1,736,000 | -3,687,100 | -2,746,000 | -2,629,000 | -1,114,700 | -1,046,000 | -29,381,200 | |
| | 17,918,200 | 15,142,600 | 15,306,600 | 13,577,600 | 11,841,600 | 8,154,500 | 5,408,500 | 2,779,500 | 1,664,800 | 618,800 | 618,800 | |

## 3 「月次資金繰り予定表」シートで資金ショートに備える

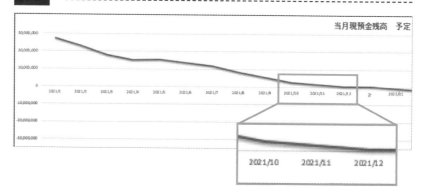

　「月次資金繰予定表」シートの一番下の項目に現預金残高が予測され、さらにその下には当月単位での現預金残高の予測グラフがあります。

　さて、グラフを見ると、このままでは2021年11月から12月頃に預金残高が少なくなり資金がショートしそうです。そうならないように売上を増やす施策、支出を減らす施策、あるいは資金調達の施策を早めに講ずる必要があります。

　**このように資金繰り予定表があると早期に危険を察知することができます。**

## 資金繰りの可視化

　ある会社では、社長の奥様が資金繰り表の入力をされています。

　以前は、社長は売り上げのために必要だったら支払いのことを気にせず仕入れをされ、そのたびに経理の奥様はそのやりくりに大変苦労されていました。

　奥様が資金繰り表をつくるようになってからは、資金が足りない時期が可視化され、社長も支払いのタイミングを考えて仕入れをするようになりました。

　可視化されることで資金繰りを客観的に確認することができるようになったという話です。

第4章　月次資金繰り予定表（月繰り表）の教科書

# 月繰り表作成方法のまとめ

## 月繰り表作成の流れ

本章で説明した月繰り表の作成法をまとめます。

①原則：「入金予定表」と「支払予定表」を作成→銀行などの金融機
関にも渡せる月次資金繰り予定表（月繰り表）を作成する

②課題：「入金予定表」と「支払予定表」の作成が難しい

③解決策：ソフトを使ってわかりやすくする

    a.「日繰り表」ソフトの実績データをたたき台にする。

    b.売上入金と仕入支払予測は、「月繰り表」ソフトの「売
上仕入入力」シートを使う。

    c.法人税、消費税の納税予測は、「月繰り表」ソフトの
「納税予定表」シートを使う。

## 月繰り表作成マニュアル

ここでは③の解決策による手順をおさらいしましょう。

「日繰り表」ソフトの該当月を
「月次へコピー」ボタンでコピーする。
69 ページ

月次資金繰り予定表ソフトの 「日繰り表データ」 シートから
「①日繰り表データ貼り付け」 ボタンで読み込み、
「②摘要マスター」 ボタンで摘要マスターにデータ転記する。
70 ページ

「摘要マスター」 シート上で資金繰り表項目をラベル付けをする。
73 ページ

「摘要マスター」 シートの 「資金繰り予定表作成」 ボタンで資金繰
り予定表を作成する。
77 ページ

**5**

「入金予定表」シート、「支払予定表」シート、および「月次資金繰り予定表」シートに、日繰り表の実績データが取り込まれる。
78 ページ

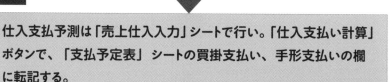

**6**

売上入金予測は「売上仕入入力」シートで行い、「売上入金計算」ボタンで、「入金予定表」シートの売掛入金、受取手形入金の欄に転記する。
88 ページ

**7**

仕入支払予測は「売上仕入入力」シートで行い。「仕入支払い計算」ボタンで、「支払予定表」シートの買掛支払い、手形支払いの欄に転記する。
92 ページ

**8**

法人税と消費税の来季の納税予測を「納税予定表」シートで行う。
それとは別に当期の納税確定額を当期納税予定表に入力する。
「納税予定を支払予定表に一括転記」ボタンで、「支払予定表」シートの法人税等支払い、消費税等支払い欄に転記する。
98 ページ

**9**

売上、仕入、税金以外の項目については、82 ページの月次資金繰り予定表の策定③④の予測方法を参考にして入金予定表・支払予定表に入力する。
104 ページ

## 資金繰り予定は悲観主義で

　ここまで、月次資金繰り予定表（月繰り表）の作成方法について説明してきました。

　ひるがえってその月次資金繰り表を作成する経営者について私見を述べたいと思います。

　経験則ですが、経営者には楽観主義者が多いと思います。自分には悪いことは起こらないという根拠無く前向きに考える方々です。そして、そのような方々ほど仕事で高いパフォーマンスを出すという研究レポートもあるようです。

　一方で防衛的悲観主義の人がいます。例えば、明朝4時に起きなければならない時、目覚まし時計が鳴らないかもしれないから目覚まし時計を2つ用意するような方々です。常に最悪のケースを想定し、そのための準備を怠たりません。ですが、案外このような方々も成功します。

　資金繰りに関して、残念なことに予定外の収入よりも、予定外の支出が出現する可能性が高いことは読者の皆様も経験されていることと思います。

　こと資金繰りの予定においては、防衛的悲観主義者であった方が良いと思います。そのために経理担当に防衛的悲観主義を置くか、経営者本人が予定表を作成する際には、普段は楽観主義者であっても、資金繰り表と向き合うときだけは防衛的悲観主義者になりきることが必要でしょう。

# 第5章

## 資金繰り表を活かす
## 実力キャッシュフロー経営

# 本当の会社の
# お金の増減を知る

## 「実績表」の活用

「月繰り表」ソフトの主たる目的は月次資金繰り予定表の作成ですが、「日繰り表」から取り込んだ実績値による「実績表」シートは、1か月単位の精緻な「資金繰り実績表」として活用することもできます。これからその活用法について解説していきます。

## 資金収支実績表で、会社の本当のお金の増減を知る

「実績表」シートの資金収支実績表では、1か月にいくら入出金があり、お金が増減したかを知ることができます。

実際の入出金を実績表で把握していきましょう!

## 「月繰り表」ソフト・「実績表」シートの資金収支実績表

**資金収支実績表**

| 入金 | | 支出 | | 収支 |
|---|---:|---|---:|---:|
| 売掛金入金 | 10,500,000 | 買掛支払い | 7,750,000 | |
| 受取手形入金 | 0 | 手形支払い | 0 | |
| 現金売上 | 2,700,000 | 現金仕入れ | 0 | |
| 手形割引入金 | 0 | 未払金支払い | 250,000 | |
| 雑収入 | 2,000,000 | 人件費支払い | 3,300,000 | |
| その他経常収入 | 0 | 諸経費支払い | 496,000 | |
| 短期借入金入金 | 0 | その他経常支払い | 0 | |
| 長期借入金入金 | 0 | 短期借入金返済 | 0 | |
| 役員・関係会社借入入金 | 0 | 長期借入金返済 | 250,000 | |
| 固定資産売却 | 0 | 役員・関係会社借入返済 | 0 | |
| 定期性預金払戻し | 0 | 長期未払金支払い | 0 | |
| 貸付金返済入金 | 0 | 固定資産購入 | 0 | |
| その他財務収入 | 0 | 定期性預金預入 | 0 | |
| | | 投資・貸付金等 | 0 | |
| | | 法人税等支払い | 0 | |
| | | 消費税等支払い | 550,000 | |
| | | その他財務支出 | 0 | |
| | 15,200,000 | | 12,596,000 | 2,604,000 |

| 資金移動入金 | 資金移動支出 | 差額 |
|---:|---:|---:|
| 1,000,000 | 1,000,000 | 0 |

| 摘要マスター | 実績表 | 入金予定表 | 支払予定表 | 資金移動分のみ表示されている |
|---|---|---|---|---|

　上の画像は、「月繰り表」ソフトの「実績表」シートの中にある資金収支実績表です。「日繰り表」ソフトのデータを取り込み、「月次資金繰り予定表」に転記すると同時に作成されます。

　資金移動については説明しましたが、「日繰り表」ソフトでは、同じ会社間でAの口座からBの口座への資金移動があった場合、Aの口座は出金、Bの口座は入金となります。結果として、同じ会社間の入出金が混じると外部に対していくらの入金と出金があったのかがわからなくなります。

　「月繰り表」ソフトのこの資金収支実績表では、同じ会社間での資金

移動の項目を除いています。

　画像では1,000,000円の資金移動があったことを示している一方、この会社では15,200,000円の外部からの入金があり、さらに12,596,000円の外部への支出をした結果、差し引き2,604,000円の預金が増えたことがわかります。

## 資金調達と使途を資金繰り実績表で知る

　「実績表」シートでは、「月次資金繰り予定表」シートのデータをもとに1か月単位で精緻な資金繰り実績表が自動作成されます。

## 「月繰り表」ソフト・「実績表」シートの月次資金繰り実績表

月次資金繰り実績表

| 資金繰り表項目 | 2021年1月 | |
|---|---|---|
| [経常収入]：売上入金計 | 2,700,000 | |
| [経常収入]：売掛金回収計 | 10,500,000 | |
| [経常収入]：手形回入金計 | 0 | |
| [経常収入]：手形割引入金計 | 0 | |
| [経常収入]：雑収入計 | 2,000,000 | |
| [経常収入]：その他経常収入計 | 0 | |
| 経常収入合計 | 15,200,000 | 経常収入 |
| [経常支出]：仕入支払い計 | 0 | |
| [経常支出]：買掛金支払計 | 7,750,000 | |
| [経常支出]：手形決済支払計 | 0 | |
| [経常支出]：未払金支払い計 | 250,000 | |
| [経常支出]：人件費支出計 | 3,300,000 | |
| [経常支出]：諸経費支出計 | 496,000 | |
| [経常支出]：利息等支払い計 | | |
| [経常支出]：その他経常支払い計 | 0 | |
| 経常支出合計 | 11,796,000 | 経常支出 |
| 経常収支過不足 | 3,404,000 | |
| [財務等支出]：その他財務等支出計 | | |
| 財務等支出合計 | 800,000 | 財務等支出 |
| [財務等収入]：短期借入金入金計 | 0 | |
| [財務等収入]：長期借入金入金計 | 0 | |
| [財務等収入]：役員・関係会社借入金計 | 0 | |
| [財務等収入]：長期未払金入金計 | | |
| [財務等収入]：固定資産売却計 | 0 | |
| [財務等収入]：定期性預金払い戻し計 | 0 | |
| [財務等収入]：貸付金返済入金計 | 0 | |
| [財務等収入]：その他財務等入金計 | 0 | |
| 財務等収入合計 | 0 | 財務等収入 |
| 財務等収支 | -800,000 | |
| 当月総入金額 | 15,200,000 | |
| 当月総支出額 | 12,596,000 | |
| 総合収支過不足 | 2,604,000 | 総合収支 |
| 当月現預金残高 | 10,038,159 | |
| 期首・期末現預金残高 | 7,434,159 | |

上記の画像は、資金収支実績表を月次資金繰り表の形式に変換したものです。

入って来たお金の調達方法と、支払ったお金の使途がわかりやすくなりました。

画面上部にある「A4印刷」ボタンでA4サイズでプリントアウトして、月別に比較することもできます。

# 資金繰り展開図で、資金繰り分析をする

## 会社の資金繰りは穴の開いたバケツ

資金繰り実績表では数字の羅列で一見して資金の調達と使途の意味がわかりにくいかもしれませんが、イラストにすると理解しやすくなります。

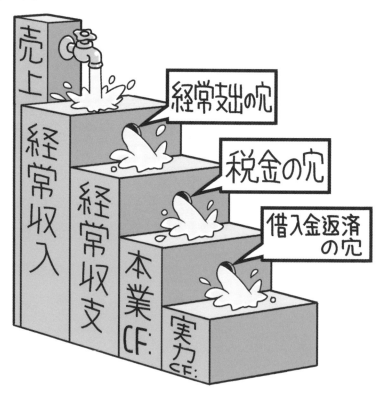

会社の資金繰りは穴の開いたバケツに喩える
ことができます！

　左記の図のように、売上と言う水を経常収入（売上等）のバケツに注ぎます。ですが、経常収支に注がれる通り道とは別に、経常収入には穴が開いており、経常支出（仕入、販管費）に水が漏れ出ています。

　次に経常収支から本業キャッシュフロー（CF）に注がれる通り道とは別に、法人税・消費税という税金の穴から水が漏れ出ます。同様に本業キャッシュフローには借入金の返済の穴が開いており、そして、最後に残った水が実力キャッシュフロー（CF）として残るお金です。

　実力CFを残すためには、経常収入の水を多く注ぎ、経常支出、税金、借入金返済の3つの穴を小さくすることが必要になります。

---

### COLUMN
## 借入金の返済は経費にならない

　顧問先の社長から「なぜ借入金の返済は経費にならないのだ？」と質問されることは、税理士あるあるです。

　それに対して「借りたときには売上にならないでしょ」と答えます。

　つまり借入金は借りた時も返す時も損益計算書に記載されません。それが利益が出ていても会社にお金が残らないという不思議の原因のひとつです。

　この　資金繰り表には、借入金返済項目がありますので、より社長の実感に近くなります。

## 預金増減をプラスに保てば会社は潰れない

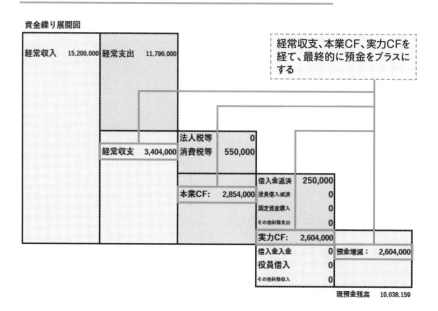

資金繰り展開図

経常収支、本業CF、実力CFを経て、最終的に預金をプラスにする

| | | |
|---|---|---|
| 経常収入 15,200,000 | 経常支出 11,796,000 | |

| 経常収支 3,404,000 | 法人税等 0 |
|---|---|
| | 消費税等 550,000 |

| 本業CF: 2,854,000 | 借入金返済 250,000 |
|---|---|
| | 役員借入返済 0 |
| | 固定資産購入 0 |
| | その他科務支出 0 |

| 実力CF: 2,604,000 | 預金増減: 2,604,000 |
|---|---|
| 借入金入金 0 | |
| 役員借入 0 | |
| その他科務収入 0 | |

現預金残高 10,038,159

　上の画像は、「資金繰り展開図」といいます。「実績表」シートの右端にあり、月次資金繰り実績表をわかりやすくビジュアル化にしたものです。前述の水漏れのイラストのように、実際の数値を当てはめて資金繰り展開図として作ったものです。

　難しい話は抜きにすると、一番右下のしっぽの部分にある「預金増減」をプラスに保てば、現預金残高は増え続け会社は潰れません。

　**会社の経営の目的は色々ありますが、まずは会社を潰さないということに異論のある人はいないと思います。**

## 借入をすれば、いずれ返済が始まる

「預金増減」をプラスにする最も簡単な方法は金融機関から借入をすることです。

コロナ禍によって、特別貸付やセーフティネット保証などの融資制度により資金調達をした会社も多いことでしょう。筆者もその影響でセミナーによる売上がゼロになったため借入をしました。

当然のことながら、借入れたお金は返済をしなければなりません。仮に数年間の返済猶予があっても、いずれは預金残高を減らしていくことになります。

**この借入に頼らずに「預金残高」をプラスにするためには、「実力キャッシュフロー」をプラスにする経営目標が必要です。**これを実力キャッシュフロー経営と呼びます。

 POINT!

### 早期の黒字化の必要性

創業期や成長期にある企業は、当初は利益が少ない、あるいは赤字のために本業キャッシュフローの中で、借入金の返済をすることが困難なケースがあります。当然のことながら借入残高は増えていくことでしょう。

将来、株式公開や大企業への売却を目指すような会社ならば、大逆転のハッピーエンドもありえるのですが、そこまで目指すことのない普通の会社では、サッドエンド（悲しい結末）にならないよう早期に黒字化することが必要です。

# 小さな会社のための
# 実力キャッシュフロー経営

## 実力キャッシュフロー経営をするために最も重要な経常収支

　小さな会社でも実力キャッシュフローをプラスにするための心がけを解説します。

　**実力キャッシュフローを残すためには、ビジネスそのものから生み出されるお金である経常収支を多くすることが最重要です。**

　経常収入を増やすには、売上を増やすことはもちろん、売掛金や受取手形の回収サイトを短くすることが必要です。

　そして、経常支出を減らすためには、商品の原価率を下げる、無駄な経費を削減する、支払サイトを長くする、在庫期間を短くすることが必要になります。

　これらは第4章でも説明したように、運転資金を極力小さくすることが重要なポイントになります。

## 経常収支で目標とすべき金額

　**経常収支で目標とする金額は、具体的には税金の額（消費税および法人税）＋借入金の返済額です。**

　返済していくには、年間を通して、毎月収支をプラスにしていく意識を持ち、この返済額というハードルを越えていくことが大切です。

　そのためには日繰り表の入力を習慣化し、「月繰り表」ソフトで月次資

金繰り表）に変換して、資金繰り展開図でお金の増減を確認していきます。

確認した結果、経費の支払いが多すぎる場合には、「日繰り表」ソフトの明細で削減できる支出がないかを細かくチェックすることで支出の削減を目指します。

## 経常収支と経常利益の違い

会社経営をされている方でしたら、経常利益（ケイツネ）という、経常収支とよく似た言葉をお聞きになったことがあると思います。

経常利益（ケイツネ）とは、決算書や試算表の中にある損益計算書の、売上から仕入や販管費、支払利息を差し引いた上で経常的に発生する利益のことをいいます。

経常収支との違いは、**経常収支は預金口座の動きから作成しているのでお金の増減と完全に一致しています。**

ですが、経常利益は、ほとんどの場合、お金の増減とは一致しません。つまり経常収支が100万円増えた場合には、実際に預金口座の残高が100万円増えますが、経常利益で100万円増えてもお金が100万円増えるわけではありません、場合によっては、お金が減ることさえあります。

経常利益がお金の増減と一致しない原因として、大きく次のことが考えられます。

1. **売掛金** 売上はあるが、まだ入金がされていない。
2. **在庫** 仕入れはあるが、まだ売れていないので費用にならない。
3. **買掛金** 仕入れはあるが、まだ支払っていない。
4. **減価償却費** 費用になってはいるが、支払いは前年以前に行われている。
5. **消費税** 税抜き処理なので、入金、支払よりも少なく計上されている。

小難しい話は、会計の本に譲りますが、経常利益とお金の増減はこれらの原因により、数値がかなり異なるということをご理解いただきたいと思います。

　損益計算書の利益が、そんなにお金の動きと違ったら困るじゃないかと思われるかもしれません。

　そのためにキャッシュフロー計算書という財務諸表が考え出されました。損益計算書、貸借対照表と合わせて財務3表と呼ばれています。

　キャッシュフロー計算書は上記の利益とお金が異なる原因を分析して、逐一表にしたものです。理解することはかなり難しく、本格的に簿記を勉強していても苦手とする人もいます。

　かつて私はこのキャッシュフロー計算の分析に興味を持ち、研究して本も書きましたが、その私が断言して言えます。

　**会社の経営者は、財務3表の関係を真剣に勉強する必要はありません。**

　なぜなら、キャッシュフロー計算書で計算される損益計算書の経常利益からの数字をこねくり回して導き出される営業キャッシュフローと、資金繰り表の経常収支はほぼ同じ数字だからです。ほぼ同じ数字にたどり着くのにわざわざ遠回りしていることになります。

　読者の皆様には、回り道をしないように、日繰り表をつけて、月繰り表に変換して経常収支を知る習慣を身に着けてほしいと考えこの本を記しました。

## 経常収支をさらに正確に把握するために

　経常収支は、会社がビジネスそのものからお金を生み出す能力を表す数値です。その数値を正しく見るためには資金繰り表を作るときに、純粋なビジネス以外から得られたお金は経常収支から除くべきです。

　例えば、第4章において、「月繰り表」ソフトの「摘要マスター」シー

トを設定しましたが、そこで政府からの給付金2,000,000円を「雑収入」として、経常収入に属する項目に設定しました。

　会計処理で「雑収入」として計上されていたのでそのまま設定したのですが、経常収支の性格を考えると、会社のビジネスと直接関係なく臨時に入金されたお金を経常収入とすると、ビジネスそのものから生まれたお金＝経常収支という考え方と整合性がとれなくなります。

　下記の資金繰り展開図は、政府からの給付金2,000,000円を「その他財務収入」に変更して作った資金繰り展開図です。

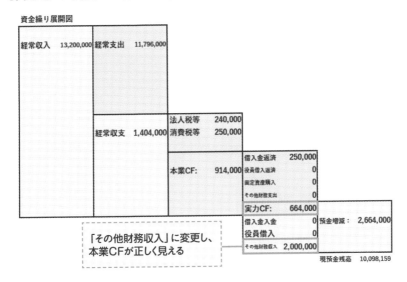

　給付金の2,000,000円が「経常収入」から「その他財務収入」に、移動したことにより、実力キャッシュフローが2,604,000円から604,000円に減少しました。これがこの会社がビジネスからお金を生み出せる本当の実力です。なお、損益計算書では、経常利益（ケイツネ）を大きく見せるために、特別利益でなはなく、雑収入とすることが推奨されます。

　このように**資金繰り表は、企業が生み出すお金の実態を知るために、損益計算書は第三者に見せるというそれぞれ目的の違いがあります。**

# 月次資金繰り表を活かすための税金表示のアイデア

## 納税時期の分散を一定にし、目標経営収支を明確にする

　実力キャッシュフローをプラスにするために、経常収支が超えるべきハードルのひとつは税金の支払いです。

　この税金の支払い額が月によって大きく変わるのはハードルとしては不適切です。税金の支払い額を一定にするためのアイデアを教えましょう。

　経常収支から引かれる「法人税等」と「消費税」については、前年の税額によって、法人税等は年1回、または2回。消費税では年1回、または2回〜4回に分けて納税を行います。

　年1回でも年数回でも、納税する時期と納税しない時期があるのは、本業キャッシュフローや実力キャッシュフローも大きく影響を受けます。

　それは124ページで説明した、「税金の額（消費税・法人税）＋借入金の返済額＝経常収支」が月によって大きく振れることを意味します。

　目標とする金額が上下するのでは、ハードルとしての役割が不十分になってしまうということです。

　ハードルの高さが一定の方が連続して飛び越えやすいように、目標とする金額も平準化すべきです。

## 納税用口座の活用

　納税額を平準化するためにこれまでに説明した、目的別預金口座による納税用口座を活用する方法を解説します。

### 「月繰り表」ソフトの「納税予定表」シートの来季納税予測表

| 来期納税予測表 | | | |
|---|---|---|---|
| | 法人税等 | 消費税 | 合計 |
| 年間税額 | 2,728,800 | 2,700,000 | 5,428,800 |
| 既納付額 | 1,200,000 | 1,250,000 | 2,450,000 |
| 来期納税予定 | | | 0 |
| 2021/01 | | 0 | 0 |
| 2021/02 | 1,528,800 | 1,450,000 | 2,978,800 |
| 2021/03 | | | 0 |
| 2021/04 | | | 0 |
| 2021/05 | | 0 | 0 |
| 2021/06 | | | 0 |
| 2021/07 | | | 0 |
| 2021/08 | 1,364,400 | 1,350,000 | 2,714,400 |
| 2021/09 | | | 0 |
| 2021/10 | | | 0 |
| 2021/11 | | 0 | 0 |
| 2021/12 | | | 0 |
| 計 | 2,893,200 | 2,800,000 | 5,693,200 |

> 12か月で割るとそれぞれ月当たり約25万円、約24万円になり毎月49万円

**2,893,200　2,800,000**

　例えば、納税予定表（法人）に記入されたこの会社の年間法人税等の納税予想額が2,893,200円、消費税の納税予想額が2,800,000円です。それぞれを12か月で割ると、法人税等が月当たり約25万円、消費税が約24万円となります。目的別預金口座による資金管理法によって、日繰り表の納税用口座にこれらを足した毎月490,000円を記入します。

　この49万円を資金繰り表の（財務等支出：法人税等支払い計・消費税支払い計）に表示させることによって、目標とする経常収支のハードルを一定額に設定することが可能となります。

| 資金繰り表項目 | 摘要 | 合計 | 1 | 2 | 3 | 4 | 5 |
|---|---|---|---|---|---|---|---|
| | | | 金曜日 | 土曜日 | 日曜日 | 月曜日 | 火曜日 |
| 支出 | 法人税納税資金　資金移動 | 250,000 | | | | | 250,000 |
| 支出 | 消費税納税資金　資金移動 | 240,000 | | | | | 240,000 |
| 支出 | | 0 | | | | | |
| 支出 | | 0 | | | | | |
| 支出 | | 0 | | | | | |
| 支出 | | 0 | | | | | |
| 支出 | | 0 | | | | | |
| 支出 | | 0 | | | | | |
| 支出 | | 0 | | | | | |
| 支出 | | 0 | | | | | |
| 支出2合計 | | 1,450,000 | 0 | 0 | 0 | 0 | 490,000 |
| 収支2 | | 1,550,000 | | | | | |
| 現預金残高2 | 現預金2前月残高→ | 3,521,700 | 3,521,700 | 3,521,700 | 3,521,700 | 3,521,700 | 3,031,700 |
| 現預金3 | 納税用口座　極楽銀行 | | | | | | |
| 収入 | 東京中央信用金庫より　資金移動 | 490,000 | | | | | 490,000 |

（吹き出し）「日繰り表」ソフトの「1月」シートに記入する

　法人税等と消費税を毎月の支払額として計算し、概算として出した
納税資金490,000円を、納税用口座に資金移動。これを「日繰り表」ソ
フトに支出として記入します。そして、「月次へコピー」ボタンで「月
繰り表」ソフトに取り込みます。

**2**    「日繰り表データ」シートから「摘要マスター」シートに追加する

| 支出の項目<br>↓入力 | 摘要 | |
|---|---|---|
| | 2回目以降は一番下の行に、入出金項目が設定されていない摘要が追加されます。ので設定を行います。 | |
| 消費税等支払い<br>法人税等支払い | 「①日繰り表データ貼り付け」ボタンで貼り付け後、「摘要マスター」シートに転記する | 資金移動 東京中央信用金庫<br>資金移動 東京中央信用金庫 |

　「月繰り表」ソフトの「日繰り表データ」シートで「②摘要マスター
に転記」ボタンをクリックすることで、東京中央信用金庫の口座か
ら、納税用口座に資金移動した消費税の納税資金と法人税の納税資
金の摘要が追加されます。これらには「資金移動」ではなく、「法人

税等支払い」と「消費税等支払い」の資金繰り表の支出項目を設定します。

## 3　資金繰り表項目設定のポイント

| 入金の項目 | 摘要 |
|---|---|
| ↓入力 | 摘要に資金移動という文字が含まれていたら項目に資金移動を入力 |
| 現金売上 | 現金売上 みつほ銀行　渋谷支店 |
| 売掛入金 | 売掛金入金 みつほ銀行　渋谷支店 |
| 資金移動 | みつほ銀行から資金移動 東京中央信用金庫 |
| 雑収入 | 給付金　東京中央信用金庫 |
| 資金移動 | 東京中央信用金庫より　納税用口座　極楽銀行 |

納税用口座に資金移動された項目ができる

　一方、「摘要マスター」シートにある納税用口座である極楽銀行の入金では、「東京中央信用金庫より納税用口座　極楽銀行」という摘要が追加されています。これには「資金移動」の資金繰り表項目を設定します。ここが目的別預金口座による資金管理活用のポイントになります。

目的別預金口座を使えば、税金を平準化して管理しやすくなります！

131

## 小規模企業が真のキャッシュフロー経営を実現するために

### 「実績表」シートの資金繰り展開図

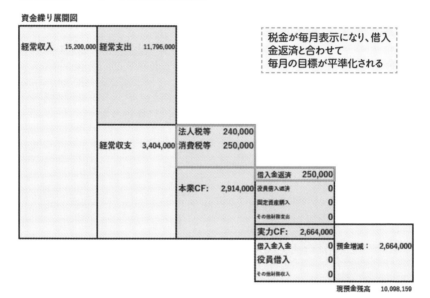

資金繰り展開図

| | | | | | | | | |
|---|---|---|---|---|---|---|---|---|
| 経常収入 | 15,200,000 | 経常支出 | 11,796,000 | | | | | |

税金が毎月表示になり、借入金返済と合わせて
毎月の目標が平準化される

| 経常収支 | 3,404,000 | 法人税等 | 240,000 |
|---|---|---|---|
| | | 消費税等 | 250,000 |

| 本業CF: | 2,914,000 | 借入金返済 | 250,000 |
|---|---|---|---|
| | | 役員借入返済 | 0 |
| | | 固定資産購入 | 0 |
| | | その他財務支出 | 0 |

| 実力CF: | 2,664,000 |
|---|---|
| 借入金入金 | 0 | 預金増減: | 2,664,000 |
| 役員借入 | 0 |
| その他財務収入 | 0 |

現預金残高　10,098,159

　「摘要マスター」シートの「資金繰り予定表作成」ボタンをクリックすると、「実績表」シートの資金繰り展開図に、法人税等と消費税等の納税予定額が反映されています。

　これにより、実力キャッシュフローをプラスにするために、毎月、経常収支が超えるべきハードルは、納税資金490,000円＋借入金返済資金250,000円＝740,000円だということがわかります。

　**毎月、この納税や借入金返済などのハードルを越えられているかをチェックして、もし超えていなければ、あとどのくらい売上を増やし、支出を削減しなければならないか？　という具体的な目標も設定する必要があります。**

これらのチェックにより、実際のお金の動き（キャッシュフロー）をベースに経営判断を行う、小規模企業の真のキャッシュフロー経営を実現することができます。

## 納税用口座に振替えたお金のことは忘れてしまえる仕様

**「月繰り表」ソフト・「実績表」シート**

### 資金収支実績表

| 入金 | | 支出 | | 収支 |
|---|---|---|---|---|
| 売掛金入金 | 10,500,000 | 買掛支払い | 7,750,000 | |
| 受取手形入金 | 0 | 手形支払い | 0 | |
| 現金売上 | 2,700,000 | 現金仕入れ | 0 | |
| 手形割引入金 | 0 | 未払金支払い | 250,000 | |
| 雑収入 | 2,000,000 | 人件費支払い | 3,300,000 | |
| その他経常収入 | 0 | 諸経費支払い | 496,000 | |
| 短期借入金入金 | 0 | その他経常支払い | 0 | |
| 長期借入金入金 | 0 | 短期借入金返済 | 0 | |
| 役員・関係会社借入入金 | 0 | 長期借入金返済 | 250,000 | |
| 固定資産売却 | 0 | 役員・関係会社借入返済 | 0 | |
| 定期性預金払戻し | 0 | 長期未払金支払い | 0 | |
| 貸付金返済入金 | 0 | 固定資産購入 | 0 | |
| その他財務収入 | 0 | 定期性預金預入 | 0 | |
| | | 投資・貸付金等 | 0 | |
| | | 法人税等支払い | 240,000 | |
| | | 消費税等支払い | 250,000 | |
| | | その他財務支出 | 0 | |
| | 15,200,000 | | 12,536,000 | 2,664,000 |

| 資金移動入金 | 納税した額は差額として表示される | 差額 |
|---|---|---|
| 1,490,000 | | 490,000 |

東京中央信用金庫から納税用口座である極楽銀行に490,000円を振替えました。入金側の項目である「東京中央信用金庫より納税用口座　極楽銀行」には、資金繰り表項目として「資金移動」を設定しました。そのため、上図の資金収支実績表の資金移動に490,000円の差額が発生

しています。

　この490,000円は実際には極楽銀行の納税用口座にあるお金ですが、資金繰り展開図の現預金残高には含まれていません。これは目的別預金口座による資金管理法で説明したように**納税用口座にあるお金のことは、資金移動した瞬間に忘れてしまうということを金額で表現しています。**

　納税時期が到来し、納税用口座から支払う際には、支出の資金繰り表項目を「法人税等支払い」や「消費税支払い」ではなく、「資金移動」に設定することで、今度は資金移動による支出が490,000円多くなり、差額がマイナス490,000円となって帳尻を合わすことができます。

第**6**章

# 税金と借入金と
# うまく付き合う方法

# 必要な税金は払う、
# 無駄な税金は払わない

## 税金が少なくなるとお金は減る

　経営者が税理士に一番に求めることは節税です。しかし、得てして節税をするとお金を減らす結果を招くことが多くあります。

　本書では、実力キャッシュフロー（CF）をプラスにすることを経営目標にするべきとお伝えしてきました。そして、プラスにするためには経常収支と税金の戦いがあります。

　この戦いに勝つには、経常収支と支払う税金の差を大きくして本業キャッシュフロー（CF）を大きくする必要があります。

**経常収支と税金の戦い**

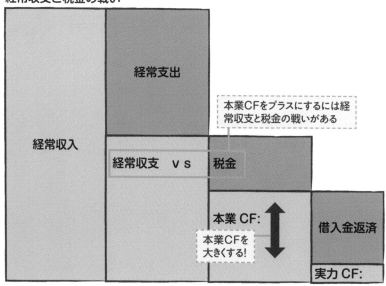

多くの中小企業の経営者は、経常収支と税金との戦いに勝つために、税金を少なくすることを考えます。それは一般的に節税対策と呼ばれ、我々税理士に期待されることです。

しかし、ここがなかなか経営者の方に理解して頂けないことなのですが、多くの場合、税金が少なくなると、本業キャッシュフローは減ります。

**重要なので繰り返しますが、税金が少なくなるとお金は減るのです。**

どういうことかをこれから説明していきます。

## 「税金を払うくらいならば」は危険

利益が出ている会社の社長からよく聞く言葉は
「税金を払うくらいなら○○に使ったほうがまし」
というものです。
本当にそうなのでしょうか？

**300の税金を払う代わりに、300のお金を使った場合のキャッシュフローの変化**

| 経常収支 1000 | 税金 300 |
| | 本業CF: 700 |

→

| 経常収支 700 (300お金を使う) | 税金 210 (90節税できる) |
| | 本業CF: 490 (210お金減る) |

※法人税等の率は30％とする。

上記の図は、このまま決算をむかえると300の法人税等の支払いが必要になります。

ここで先ほどの「税金に300も払うくらいなら、○○に300払ったほうがましだ」ということを実践して、税金300の代わりとなる何かまし

と思える経費を支払ったとします。その社長の頭の中では300の経費を使えば税金がゼロとは言わないまでもかなり税金を減らすことができると踏んでいます。

しかし、実際には300を経費に費やしても、税金は90しか減りません。300のお金を使って減る税金は90なので差し引き210のお金が減ります。本業キャッシュフローも何もしなければ700のお金が残ったはずが、490に減ってしまっています。

また、もし上記のように費やしてもお金が減ったという実感がないとしたら、きっとその分だけ借入金が増えているはずです。

これでは本書で主張している実力キャッシュフロー（CF）をプラスにする経営目標に反してしまいます。

## 節税効果よりも値引き効果

このようにお金を使うことにより行う節税の効果は低く、むしろお金を減らす結果につながることがわかります。

前述の例では法人税率は30％です。300の経費が増えたことで、そこにかかるはずだった30％の90の税金が減ります。この減った税金の90を値引き額と捉えると、古くなったパソコンを買い替える場合や社屋の雨漏りの修繕などの必要な支出が30％引きになると考えることもできます。

節税よりも次のビジネスのための投資として考えるならそれもありでしょう。ですが、不要なものまで買うことのないよう必要なものだけに投資しましょう。

# 法人税の税率と
# 節税対策の種類を知る

## 中小企業の法人税率は想像以上に低い

　法人の税金の基礎知識として、法人税率と代表的な節税対策について表やチェックリストを用いて解説していきましょう。

　前述の経費を使うことで税金を減らしても、本業キャッシュフローまで減ってしまい社長のあてが外れてしまう一因として、法人税等の税率が、社長の想像以上に低いことが挙げられます。前述の設例では、法人税等の税率を30%として計算していますが、実際にはそれよりも低い税率であるケースが多いのが実情です。

　近年、日本の税制は複雑を極め、法人が所得（利益）に対して支払う税金は、令和2年12月現在で法人税、地方法人税、法人住民税、法人事業税、特別法人事業税があります。その税率を合計したものが下の表の合計税率です。

### 中小企業の法人所得に対する税率

| 法人所得の金額 | 法人税等住民税 | 事業税 | 特別法人事業税 | 合計税率 | 実効税率 |
|---|---|---|---|---|---|
| 400万円以下 | 17.6% | 3.5% | 1.3% | 22.4% | 21.4% |
| 400万円超800万円以下 | 17.6% | 5.6% | 2.1% | 25.3% | 23.5% |
| 800万円超 | 28.0% | 7.0% | 2.6% | 37.6% | 34.3% |

## POINT!

### 合計税率と実効税率

　合計税率は単純に各税金の種類の税率を合計したものです。

　法人事業税と特別法人事業税だけは翌事業年度に損金算入（経費）になり、今年の法人事業税と特別法人事業税は来年の税金を減らすことになります。

　そのために長期的に見た場合、理論上の税率は単純に合計した税率よりも低くなります。その税率を実効税率と呼びます。

　この表を見ると800万円超の合計税率37.6％です。結構高いという印象を受けられるかもしれませんが、これは800万円を超える部分だけが37.6％という意味です。例えば法人所得が1000万円の場合の税率の試算をすると下記のようになります。

### 法人所得金1000万円の場合の法人税等の税率 （単位：円）

| 所得金額 | 法人所得の金額 | 税率 | 法人税額 | |
|---|---|---|---|---|
| 4,000,000 | 400万円以下 | 22.4% | 895,600 | |
| 4,000,000 | 400万円超 800万円以下 | 25.3% | 1,010,680 | |
| 2,000,000 | 800万円超 | 37.6% | 752,494 | |
| 合計10,000,000 | | 26.6% | 2,658,774 | …実際の税負担 |

## 節税対策チェックリスト・お金を減らさない節税

　お金が減らない節税を実現させるには、下記の図のように経常収支を減らさず税金だけを減らして本業キャッシュフローを増やす方法がベストです。

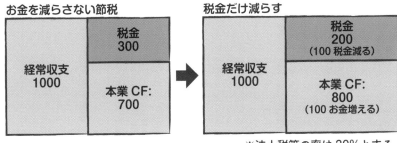

※法人税等の率は30%とする。

　実際にこのようにお金を使わない節税方法はあります。

　次ページの表は、中小企業法人用の決算・節税チェックリストです。主な節税対策として30個リストアップをしています。

　リストのうち1から16は、追加のお金を要しない節税対策です。

　とはいえ1の各種税額控除以外は、どこかの時点でお金を使ったか、もしくは近い将来にお金を使う予定のものを、税法の認める範囲で、タイミングを当期にずらして費用計上するものですので、トータルで見ればお金は減っています。

　ですが、1の各種税額控除だけは国の政策として、ある一定の要件を満たすと税金を減額できるもので実質的な金銭負担がありません。最近では従業員の人件費が前年よりも増えた場合に、増えた人件費の一定割合を税金から控除する税額控除が良く使われています。

**本当の意味での恒久的な節税は1の各種税額控除だけです。**

## 節税対策　チェックリスト

| | 資金不要の節税対策　節税効果　★★★★ |
|---|---|
| 1 | 各種税額控除の検討 |
| | **資金不要の節税対策　節税効果　★★★** |
| 2 | 使用していない又は存在しない固定資産の除却 |
| 3 | 開業費などの繰延資産の償却 |
| 4 | 含み損のある資産の売却 |
| 5 | 不良債権の貸倒れ処理 |
| 6 | 個別評価の貸倒引当金計上 |
| 7 | 不良在庫処分 |
| 8 | 在庫一掃セール |
| 9 | 強制低価法による棚卸し資産評価損の計上 |
| 10 | 社会保険料の未払計上 |
| 11 | 労働保険料の未払い計上 |
| 12 | 固定資産税の未払計上 |
| 13 | 締め日後の従業員給料の未払計上 |
| 14 | 電話料金等の未払計上 |
| 15 | その他経費の未払計上 |
| 16 | 各種特別償却の検討 |
| | **追加で資金が必要な節税対策　節税効果　★★** |
| 17 | 30万円未満の少額減価償却資産の取得 |
| 18 | 中古の固定資産の購入 |
| 19 | 役員退職金の支給 |
| 20 | 従業員決算賞与の計上 |
| 21 | 社員旅行の実施 |
| 22 | 出張旅費の旅費規程を作成し日当の支払い |
| 23 | 中小企業退職金制度への加入 |
| 24 | 経営セーフティ共済への加入 |
| 25 | 家賃や保険料の前払い（短期前払費用特例） |
| 26 | 広告宣伝費の前倒し |
| 27 | 教育研修費の計上 |
| 28 | 売上割戻し　相手方通知による未払計上 |
| | **追加で資金が資産計上の必要があるもの　節税効果　★** |
| 29 | 新品の資産購入 |
| 30 | 半分損金の経営者保険の加入 |

※節税効果の高いものほど★が多い

# ほとんどの節税対策は
# 課税時期の繰り延べ

## 課税時期を繰り延べる節税対策

　前述のチェックリストでも説明したように、節税対策のほとんどは、恒久的に税金が減るものではなく、税金の支払いを将来に繰り延べるものです。

　**節税対策商品と呼ばれるものの多くは、課税される時期を将来に繰り延べるものです。これらは一時的な節税で恒久的な節税効果はありません。**

　一番わかりやすい例は第3章で説明した経営セーフティ共済です。

　経営セーフティ共済掛金として200を支払った場合のイメージを図にすると以下のようになります。

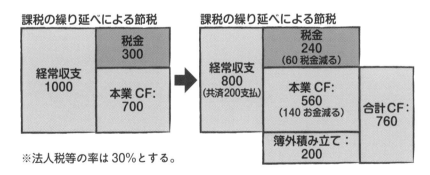

課税の繰り延べによる節税

| 経常収支 1000 | 税金 300 |
| | 本業 CF: 700 |

課税の繰り延べによる節税

| 経常収支 800 (共済200支払) | 税金 240 (60 税金減る) | |
| | 本業 CF: 560 (140 お金減る) | 合計CF: 760 |
| | 簿外積み立て: 200 | |

※法人税等の率は 30%とする。

　経営セーフティ共済の場合、40か月以上掛けると掛金は100%解約手当金として受け取れますので帳簿積み立てとしてお金を積み立てる効果が得られます。

このイメージの例ですと経営セーフティ共済に加入しない場合と比較して、本業キャッシュフローに簿外積み立てを足した合計キャッシュフローとしては、700から760となり節税分の60だけ増えることになります。

しかし、40か月経過後の解約手当金を受け取ったときには、簿外積み立ての部分に法人税が課税されますので結果的に節税効果は差し引きゼロになります。つまり**税金を支払う時期を40か月以上後に繰り延べているに過ぎないということになります。これを「課税時期を繰り延べる節税対策」と呼びます。**

## 生命保険は節税よりも保障

「課税時期を繰り延べる節税対策」ということで言えば、いわゆる経営者保険と呼ばれる生命保険契約も同様です。

こちらは保険料のうち1/2が損金（費用）となり、保険料の80〜90％が解約したときに戻ってきます。

条件的には経営セーフティ共済のほうがずっと良いのですが、掛けられる保険料の額が大きくなります。

なお、経営セーフティ共済の掛け金の上限は800万円ですが、生命保険契約の場合には、もっと高額な保険料を支払うことができます。

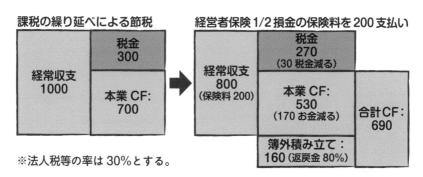

※法人税等の率は30％とする。

この経営者向けの生命保険契約の場合、支払った保険料が200のうち損金（経費）になるのは1/2の100ですので、減る税金は30です。

また、200のうち解約時に戻ってくる保険料を80%とすると、簿外の積み立ては200×80％で、その160に本業キャッシュフローを加えた合計キャッシュフローは690になります。

これだと保険に入らない場合と比べて10減ってしまいます。

保険会社の人に怒られそうですが、キャッシュフローだけを考えると銀行にその200を定期預金にしたほうが良いということになります。

生命保険はあくまでも保険ですので節税のためというよりも、何かあったときのための保障としてとらえた方がベターです。

積立型の生命保険契約には契約者貸付機能がついたものがあります。これは解約返戻金の範囲内で借入ができるというものです。金融機関のコロナ関連融資の実行に日数を要した一方で、この保険契約貸付は速やかに実行されました。これは保障にプラスした生命保険のメリットかも知れません。

## COLUMN
### 節税商品の節税効果は錯覚

生命保険を使った節税商品のうたい文句は、「解約時に役員退職金の支払いで、解約返戻金の利益と退職金が相殺され法人税がかかりません。さらに退職金にかかる所得税は少ないので、大きな節税効果がありますよ」というものです。ですが、生命保険自体に恒久的な節税効果はありません。そして退職金自体には税の優遇措置があります。つまりファクトベースで考えれば生命保険に入ろうが入るまいが、退職金の節税効果しかありません。多くの方がこの錯覚ともいえる節税商品を購入してきました。巧みなマーケティング手法と言わざるを得ません。

## 6-4

# 経営者は目の前の税金を
# 減らし手元資金を増やしたい

### なぜ、得しないとわかっていても課税時期を繰り延べるのか？

　インターネットで検索すると様々な節税対策商品が見つかることで
しょう。

　最近では工事現場の足場資材のレンタルなどによる節税が人気です
が、これらも基本的には課税時期の繰り延べで恒久的な節税ではあり
ません。

　足場資材は1個あたりが10万円未満なので全額が購入時の損金（費
用）となります。50個買えば500万円が全額損金（費用）になります。

　この足場資材をレンタルし、賃料を受取ったうえで最終的に売却す
ると100％以上の利回りになるというものです。

　基本的な節税の考え方は経営セーフティ共済と同じですが、経営セー
フティ共済の場合は、一定期間後に掛金の100％が返戻されるのに対し
て、足場資材の場合にはトータルでそれ以上戻ってくる可能性がある
ということです。ですが、賃料と売却額には法人税がかかりますので
結局のところトータルでの節税効果はありません。

　投資として考えれば悪くないのかも知れませんが、レンタル先の会
社が倒産するリスクなども考えられます。

　**課税時期の繰り延べは最終的に得をするわけではなくリスクもあり
ますが、社長の心は動かされてしまいます。**たまたま今期は大きな利
益が出たけれど、来期以降はどうなるかわからない不確実な未来のた

めに少しでも税金の支払いを後にしたいという気持ちはわからなくも
ありません。

POINT!

## 10万円未満の損金

　10万円未満の少額資産は取得した事業年度に全額損金（経費）処理する
ことができます。また、中小企業には30万円未満の資産を全額損金算入で
きる特例がありますが、こちらは取得価額の合計額が300万円までという
制限があります。

## 課税の繰り延べを好むのは現在バイアスのせい

　法人税には、今年300万円の課税時期の繰り延べタイプの節税（最終
的には節税額は0）をとるか、50万円の税額控除による恒久的な節税を
とるかを選択できる場合があります。

**　私の経験上、ほぼ全ての経営者は課税の繰り延べタイプ節税を選択
しました。**

　この現象は行動経済学の用語で現在バイアスといいます。目の前に
ある事柄を過大に評価してしまい、未来にある満足よりも現在の満足
を優先してしまうことというものです。

　例えば、「今すぐに1万円もらうか、1年後に1万1000円をもらうかど
ちらを選びますか？」という質問があったとします。

　この質問に対して、「今すぐに1万円をもらえる方」を選ぶ人が多く
いたという話もあります。

　このことから一時的にでもすぐに300万円の節税ができたほうが、そ
の後、恒久的に50万円の節税よりも選択される理由がこの現在バイア
スで説明することができます。

　新型コロナウィルスなどの疫病や、台風や地震などの自然災害、さ

らにはITの急速な発達と進化などに代表されるように、将来が見えづらく、社会の変化が予測しづらい経営環境に対して、最近ではVUCA（不安定、不確実、複雑、曖昧）と呼ばれるようになりました。そのような環境にあってか、なおさら現在バイアスが効ききやすくなっていると思います。

　実際問題、長期的には不利であっても、目の前の税金をまず減らし、手元資金を増やしておくほうが良いという事態も想定できます。

　どちらを選択するにしても正しいファクト（事実）を認識した上で、最後は経営者の直感に従うべきでしょう。

# 納税用口座をつくって都市伝説的節税の誘惑を断ち切る

## 納税用口座を作って心理的負担をなくす

インターネットや、各種業者から仕入れる節税と言われる情報の多くは、特定の条件では有効でも前提条件が変わると使えないものや、知り合いの税務調査で通った（他にもっと大きな問題があったためたまたまスルーされただけ）など、都市伝説の類のものがほとんどです。

そのような曖昧なものに無駄な労力をかけず、また、リスクをとらないためには納税用口座を作り心理的負担をなくす納税が一番です。

## 税理士以外がすすめる節税は都市伝説の類

私は約30年間にわたり税理士をやってきましたが、その間に様々な節税対策、節税商品が生まれては消えていきました。

切ない話になりますが、私たちは財務省というお釈迦様の手のひらにいる孫悟空のような存在です。

いくら頭をひねって考えたところでその手のひらの外に飛び出すことはできません。税法や通達の隙間を縫って、様々な節税対策や節税商品が考え出されても、みんなが使いだし目立ってくるとその隙間は埋められてきました。**多くの経営者が税理士に求めている節税対策は幻想であり、税理士以外のコンサルタントや各種業者がすすめる魅力的な節税対策の多くは都市伝説の類です。**

本書で主張している、実力キャッシュフロー経営は、税金と借入金

返済後の実力キャッシュフローをプラスにすることを目標とし、潰れない会社にすることを目的としています。

　節税は本来、実力キャッシュフローをプラスにするための手段であるべきですが、節税自体が目標、目的となってしまうと本末転倒になりかねません。

　本書の実力キャッシュフロー経営においては、「必要な税金は払う、無駄な税金を払わない」をモットーとしています。

　これまでの経験上、財務体質の良い優良企業は例外なく必要な税金をきちんと納めています。

## 納税用口座を活用してお金が減る恐怖を遠ざける

　無駄な税金を払わないために、追加の資金を必要としない税額控除などの節税対策を積極的に利用しましょう。そして、後に残る税金は必要な税金です。必要な税金をきれいに納めるために、納税用口座の活用をおすすめしています。

下記の図において、1000の内の300が必要な税金だとします。

Aは目的別に預金口座を分けずに普段使っている預金口座Xから税金を納める場合、Bは毎月納税用口座Yに資金を移動し、納税時期に納税用口座Yから税金を納める場合です。

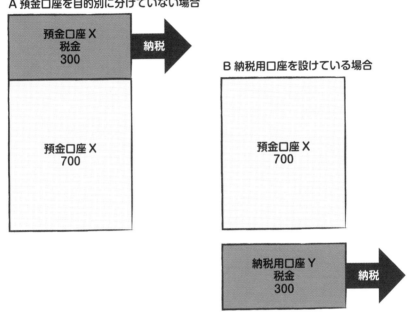

**A 預金口座を目的別に分けていない場合**

預金口座X
税金
300

納税

**B 納税用口座を設けている場合**

預金口座X
700

預金口座X
700

納税用口座Y
税金
300

納税

同じ結果ですが、分け方ひとつで気持ちは軽くなり、無駄な節税を減らせます。

結果的には、どちらの場合も預金口座Xには700が残ります。違いとしてAの場合は、もともと預金口座Xに1000あったところから直接税金300を納税したため、700に減っていますが、Bの場合では資金移動しているため、預金口座Xの残高は700から変わりません。

　お金が減る恐怖は、死の恐怖とのリンクや、幼少期においてお金に関する嫌な体験など、心理学的にも様々な原因があると言われており、多くの人がその問題を抱えています。

　Aのケースは納税の時に、預金口座Xの**預金が一気に300減ることに対する恐怖を覚え、納税を先延ばしするような選択をすることが、不必要な節税対策に走ってしまう**のだと私は考えています。

　そのお金が減る恐怖を遠ざける方法が、毎月の納税用口座への資金移動です。

　年間納税額を12等分し、お金が減る恐怖を感じない程度に小さくした金額を納税用口座に資金移動することで、移動したその瞬間からそのお金が無かったことにします。

　納税時期にはその無いことにしていた納税用口座Yから納税するだけなので、心の痛みや恐怖はかなり軽減されています。つまり**納税用口座に資金移動したときに実質的に納税が完了しており、納税時期になってから慌てて節税対策をする必要がなくなっているのです。**

　上述のように、節税願望は多分に心理的要因によるものが多いので、この方法を使うと仕組み的に心理的な障壁を取り除くことができます。

# 借入金とうまく付き合う方法

## 時間を買って借入するか否か？

　中小企業にとって外部からの資金調達方法は、唯一、金融機関からの借入です。**借入金は利息で時間を買っているという側面もあります。**

　5年間貯金してから車を買う場合と、5年間のローンで今すぐ買う場合、前者は5年貯金しなければその車に乗れないことになります。一方の5年間のローンの場合は、時間を買って今すぐに車に乗ることができていると考えることもできます。

　その反面、3年後にもし不測の事態が発生して急にお金が必要になった場合、貯金をしている人は、車を買うという選択肢を見直せば簡単にお金を用意することができます。逆にローンを組んでしまった人はそう簡単にはいかず、相応のリスクを背負うことになります。

　このように借入金は、チャンスとリスクの二面性を持つため、うまく付き合っていく必要があります。

　ここでは借入金とうまく付き合う方法について解説していきます。

## 経営者にとって潤沢な預金残高は精神安定剤

　「財布が軽ければ心は重い」とは、ゲーテの言葉ですが、これはお金の真理をついていると思います。

　また、石川啄木の詩にも「わが抱く思想はすべて金なきに因するごとし秋の風吹く」という言葉もあります。ことほど左様にお金と人間

の心理との関係は根深いものです。それだけに**経営者にとっての最高の精神安定剤は潤沢な預金残高です。**

　預金残高を一番手っ取り早く増やす方法は金融機関からの新規借入です。

**金融機関からの借入は手っ取り早く預金残高を増やす**

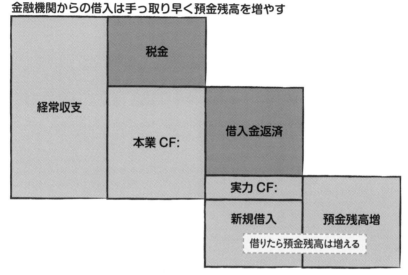

　手元のお金を増やすというある意味特効薬でもある借入金ですが、副作用もあります。利息の支払いや元金の返済です。これらが後々資金繰りを圧迫し、実力キャッシュフローにお金を残すためのハードルに変わります。

## 借りたらやがて返済が始まる

　下図Aのように本業キャッシュフローで、借入金を返済し、実力キャッシュフローを積み上げて預金残高を増やしていくのが正常な経営状態です。ですが、実際には図Bのように本業CFが不足し、借入金が返済できない会社も多くあります。こうなると預金残高を食いつぶしていくことになり、やがて資金ショートを起こします。

　今回の新型コロナ関連の融資を多額に受けた会社は、やがて返済が始まると多くの場合、図Bのパターンに当てはまることが考えられます。

**A. 正常**

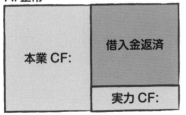

**B. 本業CFで返済しきれない**

## ゾンビ企業として生き延びるか撤退か

　図Bのパターンに当てはまり、手持ちの預金残高が底を尽きそうに
なる時に、会社がとる手段は下図CとDの二つのパターンです。

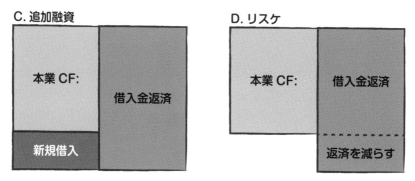

　Cは、新規での追加融資です。業績が不振で新規借入金の増額がで
きない場合には、返済し終わった分だけをもう一度借り、元々の融資
額はそのままというケースが多くあります。これは反復と呼ばれてい
ます。

　会社が成長期にあり、投資にその回収が追い付かない局面では、反
復を繰り返し借入金残高が減らないということが良くあります。

　そして、Dは会社が衰退期になり反復さえ難しくなった場合、借入
金の返済を止める。あるいは減らす手段もあります。これはリスケ（リ
スケジュール）と呼ばれています。


　一旦リスケの状態に入ると、余程の経営改善をしないと、なかなか
抜け出すことができません。ゾンビ企業として生き延びるか、傷が浅
く、周りに迷惑をかける前に撤退することも視野に入れる必要があり
ます。

## 屁理屈抜きで、いくらまで借りてもいいのか？

　顧問先の社長さんから、「うちの売上だったらいくらまで借りられますか？」という質問をよく受けますが、明確な説明はない一方で月商の3ヶ月程度というのはよく聞きます。

　「借入金月商倍率＝借入金÷月平均売上高」がその根拠になのですが、実際のところ、月商3ヶ月をそのまま鵜呑みにしてはいけません。業種別で借りてもいい倍率は変わります。

　下記はその目安です。

### 借入金月商倍率の目安

|  | 安全 | 要注意 | 危険 |
|---|---|---|---|
| 小売業・製造業 サービス業 | 1.5倍 | 3倍 | 6倍 |
| 卸売業 | 0.8倍 | 1.5倍 | 3倍 |

　月商1000万円の製造業の場合3000万円の借入金で要注意になります。

　また、金融機関が融資審査をするときには債務償還年数という指標を使います。

　債務償還年数 ＝ 借入金の残高 ÷（税引後利益＋減価償却費）

　この指標は、借入金を何年分のキャッシュフロー（税引後利益＋減価償却費）で返済できるかという指標です。

　この指標が10年以下になることが目安とされています。

　（税引後利益＋減価償却費）で計算されるキャッシュフローは、資金繰り展開図の本業キャッシュフローの簡易版です。我々は、本業キャッシュフローを導き出すことができますので、その10年分が借入の限度額と考えることができます。

例えば、本業キャッシュフローが年300万円であれば、それを全て借入返済に充てれば3000万円の借入金を10年間で返済できることになります。

**借入限度額の計算**

本業 CF:
300 万円

300 万円 ×10 年＝3000 万円
で、3000 万円が借入限度額

　実態は、上記の借入金月商倍率や、債務償還年数で計算した借入金残高をオーバーする会社も少なくないと思います。

　信用保証協会の保証付きだと金融機関は低リスクで貸付を行えるため、反復融資で債権残高を保ち利息を稼ぐビジネスモデルが常態化しています。

　健全とは言えませんが、そのために借入の必要のない時に借入を行い、信用保証協会の融資枠を確保しておくことも緊急時に備えて必要かも知れません。

# 良い借金と悪い借金

## 借金の種類を知ることでリスクを感知する

　借金の種類というと、運転資金、設備資金の借入くらいしか思いつかないかもしれませんが、借金には良い借金から悪い借金まで段階的に4種類あると私は考えています。

　自社の借金の種類を知ることで財務的なリスクを感知することができます。また、借入したお金を減らさないようにする工夫についても説明していきましょう。

## 中小企業は借金をしたほうが良いのか？

　税理士の中には、顧問先企業に積極的に借入を勧める人と、極力借金をさせない人がいます。私の立場は、自分の経験をふまえてその中間です。

　業種やその企業の状況にもよりますが、つなぎ資金がなければ事業がストップします。そのような時には借入は必要で、輸血のようなものです。また、拡大基調にあり、投資のリターンが見込め、多少のレバレッジをかけられる場合には、借入により手元キャッシュを増やすことも必要でしょう。

　**何よりも、「財布が軽ければ心は重い」の逆で、預金残高が多ければ精神的にゆとりが生まれ、貧すれば鈍するというような経営判断の誤りも減ります。**

「銀行は、晴れた日には傘を貸すが、雨が降れば取り上げる」だから傘と言う借入を問題のない時期である晴れの間に借りるだけ借りておけという理屈も聞きます。晴れた日にお金を借りて実績を作っておくと、いざというときに融資の審査がスムーズに進むということも、私自身、今回のコロナ禍で経験しました。

確かに、経営は晴れの日ばかりではないので、一見その理屈は正しそうに思います。

しかし、強い風が吹けば傘は吹き飛ばされてしまいます。

また、最初から10本も傘を持っているので当分大丈夫。なくなったらまた傘を借りればなんとかなると考えるようになり、本来必要な雨風を凌ぐための建物を建てる力を養う機会を失ってしまう可能性があります。

すべての傘を失ったときには、すでにぜい肉（返済）だらけで立ち上がる力を失っているかもしれません。

一時期ですが、私にも借金の返済で苦しんだ時期がありました。幸いなんとか立ち上がることができましたが、いまだについたぜい肉（返済）が重石となっています。


次項から借金の良し悪しについて、観念ではなく、分析によるアプローチで検証していきます。

## 借入金は4種類ある

　金融機関の借入申込書には、資金使途として運転資金や設備投資など借入金の種類を記入する欄があります。

　私は借入金には4種類あると考えています。それぞれ良い借金◎、普通の借金○、微妙な借金△、悪い借金×と格付けすることができます。それらの格付けでどの種類の借金が多いのかを知ることで自社の財務的なリスクを感知することができます。

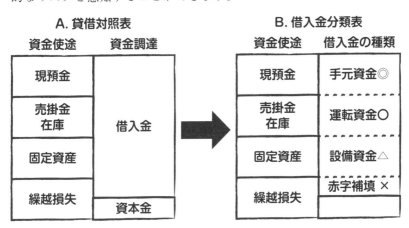

　上の図のAはある会社の貸借対照表です。貸借対照表の右半分が資金調達の方法を表し、左半分は、調達した資金が何に使われたかを表しています。

　この会社は、株主から資本金を集め、金融機関からお金を借りる（借入金）ことで資金調達をしていることがわかります。赤字が続いており累積の赤字（繰越損失）が資金使途にあります。

　図BはAの借入金を細かく分類したものです。借入金により調達したお金の一部を繰越損失として赤字の補填に使われていることがわかります。

次に、この会社は土地建物機械などの固定資産を購入するために借入金で調達したお金を投資しています。これを設備資金と呼びます。

　さらに、売掛金や在庫など、いわゆる運転資金に借入金で調達したお金が眠っています。そして、借入したけれど使われなかったお金が手元資金として現預金に残っています。

　というようにこの図から読み取れることができます。

## 最も良い借入金と最も悪い借入金

　図Ｂの 借入金分類表において、最も良い借金は◎の手元資金です。積極的に借入することをすすめる税理士や、財務コンサルタントが想定しているのはこの手元資金です。

　手元資金は即効性のある借入金で増やすことができます。また、本業キャッシュフローの範囲内で元金返済ができるならば、手元資金の維持ができることになります。しかし、下の図Ｘの現状から図Ｙのように将来にわたって赤字を続ける会社の場合だとやがて手元資金を失います。

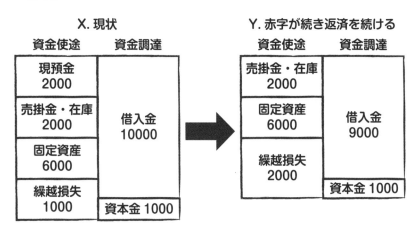

　図Ｘの現状から、図Ｙでは繰越損失として赤字がさらに1000増え、

借入金を1000返済したとすると**2000あった現預金がゼロになります。**

こうならないように手元資金があるうちに黒字回復することが必須です。さもないと、さらに赤字補填のための借金を増やすことになるばかりか、新規の借入ができなければ倒産の危機を迎えます。

## 赤字補填は運転資金ではない

図Bの 借入金分類表を再度見てください。売掛金・在庫の横にある運転資金に○印がついていますが、これを運転資金の借入と呼びます。

ここでの運転資金とは商売を続けていくうえで必要な資金です。

正確には運転資金＝（売上債権＋在庫）－仕入債務です。

さらに売上債権と仕入債務には手形を含みます。ここから不良債権や不良在庫を除いたものを正常運転資金と呼びます。

金融機関は、融資限度額を検討する際に、この正常運転資金に充てる借入金は融資残高に含めないという見方をする場合もあります。これは融資先の会社にもしものことがあったときにでも、売掛金を全て回収し、在庫を全て原価で売り払い、入金されたお金で買掛金を支払った残りのお金で、理論上は融資の回収ができるからです。

正常な運転資金は商売を続ける限り必要となる資金なので、一定の融資枠を設けてもらいその範囲内で反復していくことで、実質的な返済額を減らして実力キャッシュフローをプラスに保つことが望ましいでしょう。

**運転資金の名目で借入をしても、実態は借金の赤字補填の借入というケースが多くありますので明確に区別することが必要です。**

## 設備投資の借入

　固定資産購入に充てる設備資金の借入は、○の場合と×の場合があるので△になります。経常収支から税金と借入金返済を引いた実力キャッシュフローを残すことを目標としたときに、その目標に対して設備投資がプラスに働くのか、マイナスに働くかによって○と×に分かれます。

　店舗、機械、営業用車両など、そこから収入を生み出す設備投資の場合には、その収入が返済原資となるので良い借入金ですが、本社社屋、社用車など、そこからは収入を生まない投資のための借入は、返済原資がないため資金繰りを一方的に悪化させますので悪い借入金となります。

## 借りたお金は別口座で管理しよう

　第3章の46ページにおいて、パーキンソンの第2法則「支出の額は、収入の額に達するまで膨張する」について説明しました。

　この法則をあてはめると、もしも借入れたお金を普段の支払いに使っている預金口座に入金したままにすると恐ろしいことが起こります。

　お金に色はつけられないので、売上で入金したお金と借入によって入金されたお金の区別がつけられません。これは自戒も込めていますが、**預金残高の増加に気が緩み、そのために支出が増える可能性が多分にあります。**

　これを防ぐためには借りたお金は別口座に移し、通常の預金残高に戻したうえで資金繰りを行うように心がける必要があります。

# 中小企業の経営戦略と借入金

## オプション（打ち手）の選択

　経営者は、変革期においては、様々なオプション（打ち手）を選択しながら、経営を行います。ここでは、企業ファイナンスのリアルオプションという考え方と借入金の関係について解説します。

## リアルオプションと借入金の関係

　企業ファイナンスにリアルオプションという考え方があります。

　不確実性の中でベンチャー企業がリスクを回避するために、どのようなオプションを行使すると投資効率が良いかという理論です。現在のようなコロナ禍では、この考え方は中小企業にも適用できます。

　行使できる主なオプションは次のものです

- ・延期オプション
- ・拡大オプション
- ・縮小オプション
- ・撤退オプション
- ・転用オプション
- ・一時中断 再開オプション

これらのオプションは、企業が岐路に立たされた時にどれを選ぶか？ということです。

　転用オプション以外のオプションは文字通りで理解しやすいかと思います。転用オプションとは、例えば店舗型の飲食店がデリバリー専門店に業態を変更するなどが該当します。

　私が今まで経験してきた中小企業の倒産の多くは、縮小オプション、撤退オプションをとるべき時にとれなかったことによるものです。

　その大きな原因は銀行からの借入です。以前は、銀行借入をすると第三者の連帯保証人が必要とされてきました。そのため縮小、撤退で借入返済ができなくなると連帯保証人（友人や親戚）に大きな迷惑をかけることになり、ボロボロになるまで拡大オプションで踏ん張るという旧日本軍の負けパターンのような経営者が多くいました。

　その当時、金融機関の回収担当者は連帯保証人が押印した書類を盾に、連帯保証人をまるで犯罪者のように扱う現場を私は何度も見てきました。

　「税理士をやってるんだったら払えるでしょう」と、保証人になってもいない私にまで返済を求める非道なことさえありました（当然ですが、逆に論破したことは言うまでもありません）。

　現在では、第三者連帯保証が不要な場合も多く、リスケにも応じてもらいやすくなり、以前よりもソフトランディングできるようになりましたが、それでも銀行借入金が縮小、撤退オプションを躊躇させる原因となることは現在でも変わりません。

　私自身のことを振り返っても、縮小オプションをとるべき時に拡大オプションをとってしまった結果、借金を背負うことになりましたが、その後、縮小オプションと転用オプションがとれたことで何とか生き延びています。

　中小企業の場合、資金調達手段は事実上金融機関からの借入しかないため、これらのオプションを選択するタイミングと金融機関からの借入と返済の判断を誤らないことがVUCAの時代には何より重要になります。

## 中小企業の出口戦略と借入金

　著者である私自身も数年先に還暦が視野に入ってきましたので、どのように事業を収束させるかという課題が現実味を帯びてきています。

　中小企業の出口戦略は、3つしかありません。


・**廃業**
・**親族・従業員への承継**
・**M＆A**


　これら3つのいずれの方法をとるにしても借入金が足かせになります。ひとつめの廃業は前ページで説明した撤退オプションです。

　例えば、社長の自宅が借入金の抵当に入っている場合には住むところを失うかもしれません。

　親族・従業員への承継の場合も、新たな代表者が連帯保証人になる必要があり、多額の借入金がある場合には承継を躊躇する原因となります。

　また、M＆Aで、うまく会社が売却できたとしても、その売却代金から借入金を返済すると何も残らないということも考えられます。

　世界的ベストセラー『The E-Myth（起業家の神話)』の著者で、アメリカの中小企業コンサルタントのマイケル・E・ガーバー氏という人がいます。日本でも「はじめの一歩を踏み出そう―成功する人たちの起業術」（世界文化社刊）として翻訳されています。私はアメリカでガーバー氏に二度お会いし、その縁もあって著書の一冊である「あなたの中の起業家を呼び起こせ! 普通の人がすごい会社をつくる方法」（エレファントパブリッシング刊）という本を翻訳させていただきました。

そのガーバー氏の近著「Beyond The E-myth」（未翻訳）の冒頭の言葉を意訳すると、「起業家の究極の目的は会社を売却することである。そのためにあなたの会社を売れるようにデザインをする」と書かれています。

いかにもアメリカ的な会社の売買でお金を儲けるという発想だと感じられるかもしれません。しかし、私は氏のこれまでの著書を熟読し実際にお会いした経験から。この文章はそのようなステレオタイプな思考ではないと感じました。

出口戦略としてM&Aにより事業を売却する場合はもちろん、親族や従業員に事業承継する場合であっても、承継者が、他に売らないで欲しい、ぜひ跡を継がせて欲しいと思えるような会社にデザインする必要があるという風に私は理解しました。さもなければ廃業という撤退戦略をとらざるを得なくなります。

会社には、成長期、成熟期、衰退期のサイクルがあります。成長期には拡大オプションで借入金を増やし、成熟期の間に借入金を返済しつつ、売れるように会社をデザインし、会社オーナー自身の衰退期を迎えるというシナリオを描くことが必要だと考えています。

 POINT!

## 出口戦略のガイドライン

　現在では、経営者保証に関するガイドラインにより、法人と個人が明確に分離されている場合に、経営者の個人保証を求めないことや、廃業を決断した際に自宅に住み続けられるよう債権者が検討することを定め事業承継や廃業を行いやすいようになってきています。

売れると思う会社を作ってください！

# キャッシュフロー経営の
# 相談ができる専門家リスト

税理士や経営コンサルタント、社労士、
弁護士などが所属するこがねむしクラブの会員です。
本書の資金繰り表についてはプロフェッショナルである彼らにご相談ください。

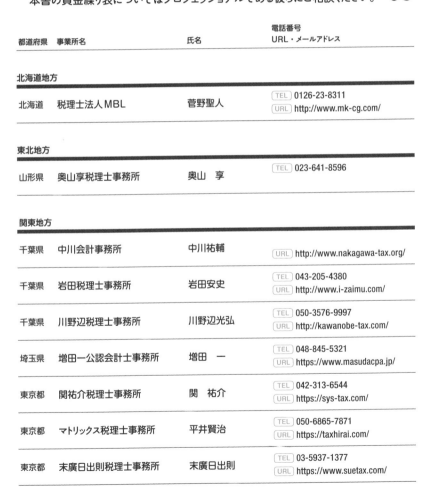

| 都道府県 | 事業所名 | 氏名 | 電話番号<br>URL・メールアドレス |
|---|---|---|---|
| **北海道地方** | | | |
| 北海道 | 税理士法人 MBL | 菅野聖人 | TEL 0126-23-8311<br>URL http://www.mk-cg.com/ |
| **東北地方** | | | |
| 山形県 | 奥山亨税理士事務所 | 奥山 亨 | TEL 023-641-8596 |
| **関東地方** | | | |
| 千葉県 | 中川会計事務所 | 中川祐輔 | URL http://www.nakagawa-tax.org/ |
| 千葉県 | 岩田税理士事務所 | 岩田安史 | TEL 043-205-4380<br>URL http://www.i-zaimu.com/ |
| 千葉県 | 川野辺税理士事務所 | 川野辺光弘 | TEL 050-3576-9997<br>URL http://kawanobe-tax.com/ |
| 埼玉県 | 増田一公認会計士事務所 | 増田 一 | TEL 048-845-5321<br>URL https://www.masudacpa.jp/ |
| 東京都 | 関祐介税理士事務所 | 関 祐介 | TEL 042-313-6544<br>URL https://sys-tax.com/ |
| 東京都 | マトリックス税理士事務所 | 平井賢治 | TEL 050-6865-7871<br>URL https://taxhirai.com/ |
| 東京都 | 末廣日出則税理士事務所 | 末廣日出則 | TEL 03-5937-1377<br>URL https://www.suetax.com/ |

| | | | |
|---|---|---|---|
| 東京都 | 塚田展久税理士事務所 | 塚田展久 | TEL 03-6662-4758<br>URL http://www.tsukada-tax.biz/ |
| 東京都 | 海老名佑介税理士事務所 | 海老名佑介 | TEL 03-6822-3167<br>URL http://www.ebi-tax.jp/ |
| 東京都 | 宮本税務会計事務所 | 宮本　晃 | TEL 03-5990-5491<br>URL http://miyamoto-zeimu.com/ |
| 東京都 | いかわのぞむ税理士事務所 | 井川望 | |
| 東京都 | 呉税理士事務所 | 呉　尚哲 | TEL 03-5766-8640<br>URL http://www.office-go.com/ |
| 東京都 | 類家公認会計士事務所 | 類家元之 | TEL 03-5443-6081<br>URL http://www.ruike-cpa.com/ |
| 東京都 | 株式会社のがも<br>トータルプランサポート | 對馬昭次 | TEL 03-3381-7051<br>URL http://www.nogamo.jp/ |
| 東京都 | 税理士法人ウィズ | 橋本秀明 | TEL 03-5847-1192<br>URL https://www.z-with.or.jp/ |
| 東京都 | 税理士法人　三田會計舎 | 長塚寿夫 | TEL 03-3453-1046<br>URL https://mitakaikeisha.or.jp/ |
| 東京都 | たじま法律事務所 | 田島寛之 | TEL 03-6450-2497<br>URL https://tajima-lawoffice.com/ |
| 東京都 | リアン総合事務所 | 吉田茂治 | TEL 03-5937-1540 |
| 東京都 | 税理士法人福島会計 | 福島美由紀 | TEL 03-3526-2636<br>URL https://www.fukushima-ta.jp/ |
| 東京都 | ビズ部 | 山口真導 | TEL 03-3237-1350<br>URL https://kigyou-no1.com/ |
| 東京都 | 菅野FP・社労士事務所 | 菅野匡城 | TEL 03-6712-8167 |
| 東京都 | 松本直樹税理士事務所 | 松本直樹 | TEL 0422-28-5131<br>URL https://naozei.jp/ |
| 東京都 | 宮原裕一税理士事務所 | 宮原裕一 | URL https://www.ymtax.jp/ |
| 東京都 | 日本中央税理士法人 | 見田村元宣 | TEL 03-3539-3047<br>URL https://www.j-central.jp/ |

| 東京都 | 三好税理士事務所 | 三好光果 | TEL 03-6276-3625<br>メール miyoshi@miyoshi-taxoffice.net |
| --- | --- | --- | --- |
| 東京都 | エクセライク会計事務所 | 伊藤温志 | TEL 03-5928-0097<br>URL https://tax.excelike.co.jp/ |
| 東京都 | アーク綜合事務所 /<br>株式会社　アイピービー | 柿本謙二 | TEL 03-3580-8711<br>URL http://ipb.jp/ |
| 東京都 | 湯本会計事務所 | 湯本與三 | TEL 03-6903-9631 |
| 東京都 | 立石奈津子税理士事務所 | 立石奈津子 | TEL 03-6912-6315 |
| 東京都 | 税理士法人　エングロー | 石井康一 | TEL 03-5607-1543 |
| 神奈川県 | 横濱元町会計事務所 | 松村一朗 | TEL 045-319-4786<br>URL https://www.y-motomachi.jp/ |

## 中部地方

| 新潟県 | L&Bヨシダ税理士法人 | 吉田敏由紀 | TEL 0256-32-5002<br>URL https://www.yoshida-zeimu.jp/ |
| --- | --- | --- | --- |
| 新潟県 | 山本守税理士事務所 | 山本　守 | TEL 0259-57-3522 |
| 山梨県 | 小池織嗣税理士事務所 | 小池織嗣 | TEL 0555-72-8573 |
| 静岡県 | 小林徹税理士事務所 | 小林　徹 | TEL 053-589-5423<br>URL https://kobakaikei.com/ |
| 愛知県 | 川瀬智弘税理士事務所 | 川瀬智弘 | URL https://konoha-zuku.jp/ |
| 愛知県 | 飯田隆一郎税理士事務所 | 飯田隆一郎 | TEL 0562-57-1715 |
| 愛知県 | 公認会計士・税理士<br>梁瀬会計事務所 | 梁瀬慶一 | TEL 052-990-1575<br>URL https://wisdom-cpa.com/ |
| 愛知県 | 大山税理士事務所 | 大山康範 | TEL 0566-91-1820<br>URL https://www.oyamataxlawyer.com/ |
| 愛知県 | 山田会計事務所 | 山田一雄 | TEL 052-339-2870<br>URL https://yamada-cpa.com/ |

| 愛知県 | 大久保武史税理士事務所 | 大久保武史 | TEL 052-752-1676 |
| --- | --- | --- | --- |
| 愛知県 | ビューロ・ネットワーク<br>税理士法人 | 松川幸弘 | TEL 052-453-5551<br>URL https://bur.work/ |
| 愛知県 | 株式会社<br>アーサライフプランナーズ | 原田和哉 | |

## 関西地方

| 京都府 | 鳥海税理士事務所 | 鳥海　亮 | TEL 0774-66-3290<br>URL http://birdsea-tax.com/ |
| --- | --- | --- | --- |
| 京都府 | 株式会社YOSCA | 矢里仁志 | TEL 075-744-0218 |
| 京都府 | 永平税理士事務所 | 永平光一 | TEL 075-222-0258<br>URL http://nagahirakaikei.jp/ |
| 大阪府 | 税理士法人　成徳 | 中澤保恵 | TEL 072-627-5691 |
| 大阪府 | 白川浩税理士事務所 | 白川　浩 | URL https://stax-office.com/ |
| 大阪府 | 財務マネジメント株式会社 | 森岡　寛 | URL https://zaimu.net/ |
| 大阪府 | 津田税理士事務所 | 津田伸也 | TEL 06-4305-7821<br>URL http://tsuda-tax.jp/ |
| 大阪府 | 大阪総合人財経営株式会社 | 佐藤　充 | TEL 072-996-0050<br>URL https://osaka-tax.co.jp/ |
| 大阪府 | 大阪総合労務会計事務所 | 阿部ミチル | TEL 072-996-0050<br>URL https://osaka-tax.jp/ |
| 大阪府 | 税理士法人<br>合同経営会計事務所 | 勝元一仁 | TEL 06-6241-9097<br>URL https://g-office.info/ |
| 大阪府 | 税理士法人タクセス | 三瓶智美 | TEL 06-6352-2618<br>メール mikame@tkcnf.or.jp |
| 大阪府 | 近藤会計事務所 | 近藤　泰 | TEL 06-6976-2630 |
| 大阪府 | 金井崇憲税理士事務所 | 金井崇憲 | TEL 06-4704-9565 |

| | | | |
|---|---|---|---|
| 大阪府 | 高山税理士事務所 | 高山幸治 | TEL 06-6136-3396<br>URL http://www.takayama-zeirishi.jp/ |
| 奈良県 | 中井総合会計事務所 | 中井良一 | TEL 090-6608-6203<br>URL https://yamato-support.jp/ |
| 兵庫県 | 長谷川隆史税理士事務所 | 長谷川隆史 | TEL 078-858-6150<br>メール info@hasegawa-taf.net |
| 兵庫県 | ファミリービジネス税理士法人 | 宮崎良一 | TEL 078-822-1110<br>URL http://www.keiei-school.com/ |
| 兵庫県 | 藤本会計事務所 | 藤本明子 | TEL 078-920-8461<br>URL https://af-tax.jp/ |

## 中国地方

| | | | |
|---|---|---|---|
| 岡山県 | 平松荘介税理士事務所 | 平松荘介 | TEL 086-243-3399<br>URL http://hiramatsu.gr.jp/ |
| 広島県 | 石田雄二税理士事務所 | 石田雄二 | TEL 082-264-9024<br>URL https://ishida-accounting.com/ |
| 広島県 | 森下裕子税理士事務所 | 森下裕子 | TEL 084-922-4886 |
| 広島県 | 得能宏一税理士事務所 | 得能宏一 | TEL 0823-23-9933 |
| 広島県 | 税理士法人SkyShip | 山田希恵 | TEL 082-225-7147<br>URL https://skyship.pro/ |
| 山口県 | 山本修税理士事務所 | 山本　修 | TEL 0827-22-8870<br>URL https://www.yamamoto-osamu.jp/ |

## 九州地方・沖縄地方

| | | | |
|---|---|---|---|
| 福岡県 | 花園税理士事務所 | 花園　崇 | TEL 090-5739-5981 |
| 福岡県 | 山下照敏税理士事務所 | 山下照敏 | |
| 宮崎県 | 坂元公認会計士・税理士事務所 | 坂元隆一郎 | TEL 0984-22-3394<br>URL http://www.sakamotokaikei.jp/ |
| 沖縄県 | 税理士上原義史事務所 | 上原義史 | |

## あとがき

　第1章の冒頭でも触れた両親は会社を畳んだあと北陸の温泉のある町で静かな余生をすごしておりましたが、今春京都に引っ越して参りました。母の認知症が進んだためです。資金繰りの苦労で夜眠れずに睡眠薬に頼っていたことも無縁ではないだろうと考えています。

　今は月末の支払いを考える必要もなくとても幸せそうです。倒産を経験された数社の顧問先の元社長も「資金繰りの心配がなくなって本当に楽になった」と口を揃えておっしゃっています。

　商売をする人々が資金繰りに悩まずに良い商品やサービスを存分に提供できる世の中になればどれだけ良いだろうと常に考えており、そしてそれが私の夢になっています。

　コロナ禍において、政府は国債発行という形で数十兆円単位のお金を供給しています。これによって、飲食業や観光業など一部の本当に大変な業種を除けば、資金繰りの苦しみから救われた人も多いのではないでしょうか。

　昔はお金を発行するためには同量の金を保有する必要がありました（金本位制）。日本では1942年に金本位制が終わりましたが、アメリカでは1971年にドル金の交換を停止したことで世界中から金本位制がなくなりました。国家の信用さえあればいくらでもお札を刷ることができるようになったわけです（管理通貨制度）。

　しかしながら、まだ金本位制の考えを引きずり、「そんなことができるはずはない、いつかそのお金は返さないといけない。このままでは国家は財政破綻してしまうとテレビのニュース番組のコメンテーターも言っているではないか」と言う人もいます。

しかしながら、今回のコロナ禍における極めて積極的な金融政策は、もはや金本位制ではないということを我々に知らしめているのではないでしょうか？

　ゲーテや石川啄木がお金のことで悩んだ時代ではないのですから、もう少しお金のことを軽く考えても良いのかもしれません。

　私自身も、今回、新型コロナ関連融資により手元の資金を厚くしました。

　平時は、緊急にお金が必要な顧問先企業以外にはあまり新規の借入を勧めないのですが、今回は、緊急融資の条件に当てはまる会社には借りるように勧めました。「借りたら返さなくてはならない」と借入を渋られる会社には、「使わなければよいのです」と、本書に書いたように別口座に移動するアドバイスを行っております。

　とはいえ、我が国の平成以降の政策を振り返ると、アクセルを踏んだ後には必ずブレーキが踏まれます。中小企業は、それに備えて守りを固める必要があります。

　この本には、これまで数多くの中小企業の栄枯盛衰を見てきた税理士として、また、自ら資金繰りに苦労した中小企業の経営者として、なにより身内の会社が倒産した経験者としての体験を通じて得た守りを固めるための実践的な手法を余すことなく書きました。

　本書によって、読者の資金繰りの痛みを少しでも和らげることができましたならばこれに勝る喜びはありません。


近藤学

数字を入れるだけ！
資金繰りの不安がなくなる
最高の方法

2021年2月28日　発行

執筆　　　　　　近藤学

DTP・図版作成　金田光裕
　　　　　　　　（株式会社ニホンバレ）

デザイン　　　　越智健夫

発行人　　　　　佐藤孔建
編集人　　　　　梅村俊広
発行・発売　　　〒160-0008
　　　　　　　　東京都新宿区四谷三栄町
　　　　　　　　12-4 竹田ビル3F
　　　　　　　　スタンダーズ株式会社
　　　　　　　　TEL：03-6380-6132
印刷所　　　　　株式会社シナノ

近藤 学

1963年京都生まれの税理士。中小企業の家庭に育ち両親の資金繰りの苦労を目の当たりにしてきた経験をもとに、自らキャッシュフロー改善のソフトウエアを開発。現在約200名の税理士に会員制サービス「こがねむしクラブ」を通して提供している。
2020年にはコロナ禍での資金繰りに苦しむ中小企業の経営者支援のため、本書添付ソフトの前身である資金繰り表作成ソフト「ブルーバード」の無償提供を行い、さらに資金繰り表コーチとして資金繰り習慣化を広めている。
著書として、「なぜ金持ち会社は節税しないのか？」「儲からないと嘆く前に読む会計の本」「一番楽しい!会計の本」など執筆。一方で、「あなたの中の起業家を呼び起こせ!」「PROFIT FIRST お金を増やす技術」などの本の翻訳も積極的に展開している。

URL　https://higuri.com/
　　　https://koganemushi.jp/
　　　http://kondotax.jp/

●本書の内容についてのお問い合わせは、下記メールアドレスにて、書名、ページ数とどこの箇所かを明記の上、ご連絡ください。ご質問の内容によってはお答えできないものや返答に時間がかかってしまうものもあります。予めご了承ください。
●お電話での質問、本書の内容を超えるご質問などには一切お答えできませんので、予めご了承ください。
●落丁本、乱丁本など不良品については、小社営業部（TEL：03-6380-6132）までお願いします。

e-mail：info@standards.co.jp

Printed in Japan